하느님이 주신 나의 이름은

하느님이 주신 나의 이름은

2025년 7월 31일 교회인가
2025년 9월 10일 1판 1쇄 발행
2026년 2월 5일 1판 4쇄 발행

지은이 | 김영선
펴낸이 | 이은아
펴낸곳 | 바오로딸

01166 서울 강북구 오현로7길 34
등록 | 제7-5호 1964년 10월 15일
전화 | 02) 944-0800 팩스 | 987-5275

취급처 | 중앙보급소
전화 | 02) 984-3611 팩스 | 984-3612

값 12,000원

이메일 | edit@pauline.or.kr
인터넷 서점 | www.pauline.or.kr 02) 944-0944
ISBN 978-89-331-1580-0 03230

하느님이 주신 나의 이름은

김영선 지음

바오로딸

차례

• 들어가며 •

사도 바오로가 테살로니카인들에게 보낸 첫째 서간 5장 23절에 따르면 인간은 영과 혼과 몸으로 이루어진 존재입니다. 그러므로 건강한 삶을 살기 위해서는 육체뿐만 아니라 영과 혼도 잘 돌보아야 합니다. 하지만 더 많은 것을 기대하고 더 완벽할 것을 요구하는 문화 속에서 우리는 영혼을 돌볼 여유를 찾기가 쉽지 않습니다. 자신이 누구인지 돌아볼 여유를 갖지 못한 채, 자신의 참모습에 충실하기보다는 다른 이들의 기대에 부응하는 존재가 되기 위해 노심초사하곤 합니다. 이렇게 자신의 참자아에서 멀어지면 멀어질수록 우리는 자기 존재에 내한 긍정을 다른 이들에게 구걸할 수밖에 없지요. 다른 이들의 마음에 들기 위해 지나치게 노력하고, 특히 권위를 가진 이들의 눈치를 보기도 합니다. 또한 자신의 참자아와 멀어질수록 자신이 정말로 필요로 하는 것이 무엇인지 알아차리기 어렵게 되고, 영혼은 돌봄을 받지 못해 굶주립니다. 곧 내적으로 아주 허약한 존재가 됩니다.

하지만 잊지 말아야 하는 것은 우리의 영혼을 돌볼 책임은 다른 이가 아니라 바로 우리 자신에게 있다는 사실입니다. 우리가 자신의 참모습에 충실히 머문다면 보다 쉽게 영혼의 필요를 알아차리고 돌볼 수 있게 됩니다. 잠시라도 하느님 안에 고요히 머물며 영혼을 돌보고자 하는 때에 이 작은 책이 동반자가 되어줄 수 있기를 희망합니다.

이 책에 실린 글들은 제가 '바오로딸 혜화나무'에서 기획한 목요특강 때 나누었던 내용을 간추려 정리한 것입니다. 당시 특강에 오시는 분들을 위하여 그동안 제가 해왔던 여러 강의들 가운데 가장 중요하게 여겨지는 것들을 주제로 선택했습니다.

첫째 주제인 "나의 이름은"이라는 제목에서는 하느님이 부르시는 나의 이름, 곧 참자아를 찾는 여정에 대해 나눌 것입니다. 둘째 주제는 "참으로 자유롭게 산다는 것"에 대한 이야기입니다. 우리는 너나없이 자유를 바랍니다. 행복을 위한 조건 가운데 하나가 바로 자율성이기 때문이지요. 그러나 과연 어떤 자유를 추구하며 살아야 할까요? 참으로 자유롭게 살려면 어떻게 해야 할까요? 둘째 주제는 이런 질문들을 다룹니다. 셋째 주제는 "선택과 결정"입니다. 누구나 예외 없이 매 순간 무엇인가를 선택하고 결정하면서 살아야 하는데, 어떻게 하면 신앙인으로서 올바른 선택과 결정을 내릴 수 있을까에 대한 질문들을 다루게 됩니다. 넷째 주제는 "믿음으로 산다는 것"이 구체적으로 무엇을 의미하는지에 관한 것입니다.

하느님 안에서 참자아를 찾고 믿음의 여정을 걷고자 하시는 분들에게 이 글이 조금이나마 도움이 될 수 있기를 염원합니다.

첫째 이야기

나의 이름은

우리는 저마다 부모님이 지어주신 고유한 이름을 가지고 있다. 물론 성과 이름이 동일한 사람들도 있지만, 우리 각자에게는 부모님이 지어주신 이름만으로는 다 규정할 수 없는 고유한 무엇이 있다.

서로 다른 각 사람의 얼굴에는 그 사람만의 고유한 과거와 현재의 경험이 담겨있고, 앞으로 펼쳐질 미래의 가능성이 감추어져 있다. 눈에 보이는 것만으로 규정할 수 없는, 함부로 범주화할 수 없는 고유함이다. 그러니 저마다 얼마나 귀한 인생인가? 한 사람 한 사람은 세상에서 유일한 존재이며, 그 무엇과도 바꿀 수 없는 대체 불가능한 존재다. 세상에

단 하나밖에 없는 존재이기에 당연히 그 값을 매길 수도 없다. 하지만 보이지 않는 그 존재의 귀함이 겉으로 드러나는 정도는 사람마다 다르다. 자기 존재의 귀함이 겉으로 많이 드러나서 환하게 빛나는 사람도 있지만, 어떤 사람은 자기 존재의 귀함이 그 사람의 깊은 곳 어딘가에 감추어져 있어 아직은 빛을 발하지 못하는 경우도 있다.

필자의 세례명은 루시아다. 이 이름은 라틴어 룩스lux 곧 빛이라는 말과 연관된다. 첫영성체 때 지도해 주신 수녀님께서 필자에게 루시아 성녀의 상본을 주시면서, 너는 빛이니 세상을 비추는 빛이 되라고 하셨던 말씀을 지금도 기억하고 있다. 세례명 때문인지 필자는 내 존재의 빛뿐만 아니라 다른 이들이 품고 있는 빛에 대해서도 관심이 많다. 우리 각자가 자신의 존재 깊은 곳에 자리한 귀함을 드러내어 빛을 발하고, 그 빛으로 다른 사람의 어두움까지 밝힐 수 있기를 진심으로 바라고 있다.

그런데 우리 존재의 귀함을 충만히 살아내려면 어떻게 해야 할까? 나의 존재의 귀함을 살기 위해서는 무엇보다 내가 어떤 존재가 되도록 창조되었는지, 나의 근원적인 이름이 무엇인지를 알아야 한다. 그래서 무엇보다 먼저 이 글에서 이야기하는 '이름'이 대체 무엇이며 그 '이름'을 아는 것이 왜 중요한지를 다루고, 그 이름을 찾는 과정에 대해, 그리고 그 이름을 어떻게 구체적으로 살아낼 것인지를 나누려 한다. 이 각각의 주제들과 관련하여 신앙이 무슨 역할을 하는지에 대해 주로 필자의 개인적 체험에 비추어 말씀드리고자 한다.

이름(소명)을 발견하는 일의 중요성

이 책에서 말하는 '이름'은 한 사람을 고유하게 규정할 수 있는 무엇, 유일무이한 존재로서 오직 그 사람만이 살아낼 수 있는, 그 사람의 고유한 소명을 말한다.

자신의 고유한 이름(소명)을 발견하는 일이 중요한 이유는 그것이 우리 자신의 행복과 직결되기 때문이다. 열심히 살고 있음에도 불구하고 계속해서 공허함이 밀려온다거나 지속적으로 외롭다고 느낀 적이 있는지? 혹시 지금 하고 있는 일에 신명이 나지 않고, 소소한 행복감도 느껴지지 않는다면? 그것은 어쩌면 자신의 참자아와 멀어진 삶을 살고 있기 때문일 수 있다. 참자아가 자신에게서 소외된 까닭에 외로움을 느낄 수 있는 것이다. 행복한 삶을 살기 위해서는 무엇보다 먼저 자신이 어떤 존재인지, 무엇이 되도록 부름받은 존재인지를 알아야 한다.

만약 누군가가 '왜 사느냐?'고 묻는다면 무엇이라고 답하겠는가? 어떤 이는 '죽지 못해 살지요'라고 답할 수도 있다. 또 어떤 이들은 '태어났으니까 그냥 사는 거지요'라고 할지도 모르겠다. 사실 '왜 사느냐?'는 질문은 인생에 대한 그 사람의 태도에 관한 물음이다. 자신에게 질문해 보자. 나는 왜 사는가?

필자는 이 질문을 초등학교 4학년 때부터 진지하게 품고 살았다. 왜 인생을 살아야 하는지, 왜 애써 노력하며 살아야 하는지 알고 싶었다. 그렇게 어린 나이에 이런 철학적인 질문을 던졌던 것을 보면 어린 시절이 그다지 행복하지도 만족스럽지도 않았음이 분명하다. 그래서 주변의 여러 어른들에게도 이 질문을 던지곤 했다. 그냥 한번 던져본 질문이 아니라 정말 그 이유를 알고 싶었다. "엄마는 왜 살아요?" "아빠는 왜 사세요?" "선생님은 왜 사세요?" 그분들이 어떤 답변을 하였는지는 기억이 나지 않는다. 아마도 그분들의 답변이 필자에게는 충분한 답이 되지 않았기 때문일 것이다. 짐작하건대 그 답변들에 담긴 공통점이 있다면 '행복하게 살고 싶다'는 바람이었을 것이다.

어린 시절 필자의 눈에 비친 세상은 전쟁터와 같았다. 가만히 있으면 살아지는 세상이 아니라 살기 위해서는 치열하게 무엇인가를 해야만 하는, 그래야만 생존 가능한 곳으로 여겨졌다. 행복하게 산다는 것은 이 전쟁터에서 승리하는 것, 그래서 더 많은 기회와 혜택을 얻는 것이라고 이해하였다. 어른들은 이 전쟁터에서 살아남는 비결을 알려주었다. 잊지 않도록 반복하여 들려준 비결을 요약하면 다음과 같다. 첫째, 부자가 되어야 한다. 둘째, 남보다 높은 자리에 올라야 한다. 셋째, 여자는 행복하려면 부자 신랑을 만나야 한다는 것이었다. 공부를 잘해야 하는 이유도 다 이런 것들과 연결되어 있었다. 하지만 필자는 이미 중학생 시절부터 이런 기준에 따라 행복할 가능성은 별로 없다는 사실을 깨달았다. 금수저나 은수저로 태어나지 않은 나는 아무리 노력해도 큰 부자가 될 것 같지 않았고, 여자로 태어난 내가 그 당시 사회적 사다리의 높은 곳에 올라가는 일 또한 하늘의 별따기임을 알았다. 결국 어렸을 때 어른들이 알려준 기준들 가운데 그 어느 것도 인생의 목표가 될 수 없었다. 나는 이루지 못할 목표를 추구할 만큼의 바보는 아니었기 때문이다. 그래서 스무 살이 될 때까지 도대체 무엇을 위해 내 존재와 열정과 에너지를 바쳐야 하는지, 도대체 무엇을 위하여 인생을 살아야 하는지 알지 못하였다.

왜 살아야 하는지를 모른다면 당연히 어떻게 살아야 하는지도 모를 수밖에 없다. 그때의 내 모습은 다람쥐가 쳇바퀴를 도는 것과 조금도 다르지 않았다. 스스로의 눈에도 그렇게 보였다. 아침에 일어나면 친구들이 학교에 가니까 나도 갔고, 수업을 마치면 집에 돌아오고, 하루가 저물면 자고, 다시 날이 새면 또 학교에 갔다. 달리 무슨 일을 해야 하는지 모르니까 그냥 하던 일을 되풀이하는 것뿐이었다. 우리나라 속담에 '남이 장에 간다고 하니 거름

지고 나선다'는 말이 있는데, 그 시절 필자의 모습을 대변해 주는 말이다.

이와 같이 인생에 대한 뚜렷한 목적의식이나 목표가 없을 때 우리는 자신이 가지고 있는 재능이나 힘을 제대로 발휘하지 못하거나 낭비하게 된다. 필자 또한 많은 시간을 의미 없는 일에 허비하였고, 하고자 하는 일 없이 시간을 보내버린 적이 많았다. 헛되이 보낸 그 시간에 생산적인 일을 하였더라면 지금 훨씬 더 나은 사람이 되어있을지도 모른다. 적어도 세속적 관점에서는 말이다.

하느님이 주신 나의 이름은?

인생을 사는 이유를 아는 것과 자신이 누구인지를 아는 것은 밀접하게 연관되어 있다. 주체적으로 살기 위해서는 무엇보다 먼저 자신이 누구인지를 알아야 한다. '왜 사느냐?'는 질문은 '어떤 존재가 되고 싶고, 어떤 존재로 살고 싶은가'라는 물음과 연결되어 있다. 그런데 이 물음은 어떤 사람처럼 되고 싶은가를 묻는 것이 아니다. 앞에서 언급한 것처럼, 한 사람 한 사람은 이 세상에서 대체 불가능한 유일한 존재다. 그래서 각 사람은 자신의 고유한 얼굴, 고유한 이름이 무엇인지를 발견하고 바로 그 모습으로 살아가야 한다. 유명한 연예인이나 운동선수의 모습이 좋아 보인다고 하더라도 그것은 그들의 모습이지 나의 모습은 아니다. 우리를 참으로 행복하게 하는 것은 나의 고유한 모습을 발견하고 그것을 실현하면서 사는 것이다.

성경에서도 이름을 부르는 것에 대해 매우 중요하게 이야기한다. 하느님께서는 한 사람 한 사람을 고유한 이름으로 부르신다. 요한복음에서 예수님은 **"목자는 자기 양들의 이름을 하나하나 불러 밖으**

로 데리고 나간다"(요한 10,3)고 말씀하셨다. 여기서 목자는 예수 그리스도를, 양은 그분을 믿고 따르는 모든 이를 말한다. 목자는 자기 양들의 이름을 알고 있다. 그런데 우리는 자신의 고유한 이름이 무엇인지 알고 있는가?

이사야서 43장에는 이런 말씀이 있다.

"내가 너를 구원하였으니 두려워하지 마라.
내가 너를 지명하여 불렀으니(직역: 너의 이름으로 불렀으니)
너는 나의 것이다.
네가 물 한가운데를 지난다 해도 나 너와 함께 있고
강을 지난다 해도 너를 덮치지 않게 하리라.
네가 불 한가운데를 걷는다 해도 너는 타지 않고
불꽃이 너를 태우지 못하리라."(이사 43,1-2)

이 말씀은 하느님께서 예언자를 통해 바빌론 유

배지에서 실망과 좌절을 겪고 있는 이스라엘 백성에게 주신 위로의 말씀이다. 당신이 손수 '이름 지어 부르신' 이스라엘 백성을 어떤 위험에서도 지켜주시겠다는 약속이다. 이 말씀을 우리 자신에게 적용하면, 우리 역시 하느님께서 이름을 지어 불러주신 존재, 하느님 눈에 귀하게 여겨지는 존재다. 하느님께서 우리 각자에게 붙여주신 이름은 무엇일까?

이사야서 49장에는 이런 말씀도 있다.

"시온은 '주님께서 나를 버리셨다.

나의 주님께서 나를 잊으셨다' 하고 말하였지.

여인이 제 젖먹이를 잊을 수 있느냐?

제 몸에서 난 아기를 가엾이 여기지 않을 수 있느냐?

설령 여인들은 잊는다 하더라도 나는 너를 잊지 않는다.

보라, **나는 너를 내 손바닥에 새겼고**

너의 성벽은 늘 내 앞에 서있다."(이사 49,14-16)

이스라엘 백성은 유배지에서 고난과 시련을 겪을 때 하느님께서 그들을 잊으셨다고 생각했다. 하지만 하느님께서는 예언자를 통하여 그들에게 말씀하신다. '나는 너희를 결코 잊지 못한다. 왜냐하면 너희의 이름이 내 손바닥에 새겨져 있기 때문이다.'

여기에서 '새기다'에 해당하는 히브리어 동사 '하카크חקק'는 철필로 돌에 새겨넣는 행위를 가리킨다. 다시 말해서 숱한 세월이 흘러도 쉽게 지워질 수 없도록 그 이름이 하느님의 손바닥에 새겨져 있기에, 하느님은 결코 그들을 잊을 수 없다고 말씀하시는 것이다. 이사야서의 말씀에 따르면 우리의 이름도 하느님의 손바닥에 새겨져 있다.

또 이사야서 62장에는 이런 말씀도 있다.

"너는 **주님께서 친히 지어주실 새로운 이름**으로 불리리라. 너는 주님의 손에 들려있는 화려한 면류관이 되고 너의 하

느님 손바닥에 놓여있는 왕관이 되리라."(이사 62,2-3)

이 말씀은 회복될 새 예루살렘에 대한 예언의 말씀이다. 이 말씀을 우리 자신에게 적용해 본다면 하느님께서 친히 지어주실 나의 새 이름은 무엇일까? 만약 선택할 수 있다면 나는 어떤 새 이름을 받고 싶은가?

요한묵시록에서도 하느님께서 주실 새 이름에 대해 이야기한다.

"귀 있는 사람은 성령께서 여러 교회에 하시는 말씀을 들어라. 승리하는 사람에게는 숨겨진 만나를 주고 흰 돌도 주겠다. 그 돌에는 **그것을 받는 사람 말고는 아무도 모르는 새 이름**이 새겨져 있다."(묵시 2,17)

이 말씀에 따르면 하느님께서 주실 새 이름은 오

직 하느님과 그 사람만 알 수 있다.

위에 인용한 몇 가지 성경 말씀에 근거하여 생각해 본다면, 우리의 이름은 바로 하느님께서 우리 한 사람 한 사람을 지어내실 때 주신 이름이며, 새로운 세상에서 받게 될 새 이름이기도 하다. 그 이름은 하느님께서 각 인간을 창조하실 때 품으셨던 계획, 그분의 꿈을 담고 있다.

이 세상에 존재하는 것 가운데 무의미한 것은 아무것도 없다. 물론 누군가는 부모나 친척들로부터 환영받지 못한 채 태어나는 경우도 있다. 그러나 그것은 한 생명의 귀함을 그들이 알아보지 못한 것이지, 그 존재가 귀하지 않다는 뜻은 결코 아니다.

하느님께서는 태어나는 생명 하나하나에 대해 소중한 계획을 품으셨고, 우리는 그 꿈을 간직한 채 세상에 태어났다. 그러므로 우리의 이름은 바로 하느님께서 우리 각자를 위해 품고 계신 그 계획을 말하는 것이다. 내가 존재하게 된 이유, 내 존재의 목적이 바로 우리의 이름이다. 가톨릭교회에서는 그것을 '소명'이라고도 부른다. 소명(vocation)은 '부르다'라는 의미의 라틴어 동사 '보카레vocare'에서 나온 것으로 "~하도록 부름받은 것"을 지칭하는 말이다. 따라서 우리의 이름(소명)이란 태어날 때부터 하느님께서 '우리가 ~을 하도록 창조하신 그 목적과 계획'을 가리키는 말이다. 자, 이제 다시 질문해 보자. 나의 이름은 무엇일까?

나의 이름을 찾는 과정

르네상스 시대의 네덜란드 철학자이자 신학자이며 가톨릭 사제였던 에라스무스(1466?–1536년)는 '행복이란 본질적으로 자신의 참된 모습을 찾는 것'이라고 말했다. 그런데 자신의 참된 모습, 곧 자신의 이름을 찾는 것이란 '지금 있는 그대로의 나'를 받아들이는 것만으로는 충분하지 않다. '진정한 나'가 되려고 결단해야 한다!

자신의 소명을 찾고 발견하는 과정을 좀 더 구체적으로 알아보기 위하여 성경의 이야기 하나를 들려드리고자 한다. 성경에는 자신의 소명이 무엇인지를 발견한 사람들의 이야기가 있다. 특별히 그들이 자신의 소명을 인식하게 된 것과 관련된 이야기를 성서학자들은 '소명사화(the call narratives)'라고 부른다. 소명사화는 보통 일정한 양식에 따라 전개된다. 곧 어떤 인물이 자신이 타고난 사명을 알아듣게 되는 과정은 다음과 같은 틀에 따라 묘사된다.

판관기 6장에 나오는 '판관 기드온의 소명사화'를 예로 들어보겠다. 먼저, 이 소명을 주시는 분(하느님 또는 천사)이 주인공에게 나타나 인사를 하며, 자신이 누구인지를 알려준 후 그가 맡게 될 사명을 제시한다. 판관 기드온에게 나타나신 분은 주님의 천사였다. 주님의 천사는 기드온에게 "힘센 용사야, 주님께서 너와 함께 계시다"(판관 6,12) 하고 인사한다. 당시에 이스라엘 백성은 미디안족의 억압을 받아 몹시 고통을 겪고 있었기에, 그를 둘러싼 현실은 주님의 현존을 부정할 수밖에 없는 상황이었다. 그래서인지 기드온은 천사의 인사에 이렇게 대답한다. "나리, 외람된 말씀입니다만, 주님께서 저희와 함께 계시다면, 어째서 저희가 이 모든 일을 겪고 있단 말입니까? … 지금은 주님께서 저희를 버리셨습니다. 저희를 미디안의 손아귀에 넘겨 버리셨습니다."(6,13)

그러자 천사는 기드온에게 이렇게 말한다. "너의 그 힘을 지니고 가서 이스라엘을 미디안족의 손아귀에서 구원하여라. 바로 내가 너를 보낸다."(6,14)

앞에서 천사는 기드온을 "힘센 용사"라고 불렀다. 이제는 그에게 그 힘을 이용하여 이스라엘을 미디안의 손아귀에서 구원하라고 명한다. 기드온은 아마도 기운 센 장사였던 것으로 보인다. 그러나 그는 타고난 그 힘으로 무엇을 해야 할지 모르는 사람이었다. 천사의 말은 기드온에게 자신의 이름 곧 소명을 발견할 수 있도록 이끌어 주는 말이다.

하지만 기드온은 자신이 그런 일을 하기에는 턱없이 부족하다고 느끼고 솔직하게 대답한다. "나리, 외람된 말씀입니다만, 제가 어떻게 이스라엘을 구원할 수 있단 말입니까? 보십시오, 저의 씨족은 므나쎄 지파에서 가장 약합니다. 또 저는 제 아버지 집안에서 가장 보잘것없는 자입니다."(판관 6,15)

그러나 주님께서는 "내가 정녕 너와 함께 있겠다. 그리하여 너는 마치 한 사람을 치듯 미디안족을 칠 것이다"(6,16) 하고 말씀하신다. 기드온이 혼자서는 그 사명을 이루지 못하겠지만 그가 하느님과 함께 하기만 한다면 그것을 충분히 이룰 수 있을 것이라는 말씀이다. 천사의 말을 들은 기드온은 자신에게 말씀하시는 분이 참으로 하느님이심을 알 수 있는 표징을 달라고 한다. 하느님께서 표징을 주시자 기드온은 마침내 자신의 사명을 수락하고 그것을 실행에 옮긴다. 이 과정에서 기드온은 혼자가 아니었으며, 하느님께서 그가 사명을 수행할 수 있도록 끝까지 이끌어 주신다.

모세의 부르심도, 다른 예언자들의 부르심도 이와 비슷한 틀에 따라 진술된다. 그들은 모두 자신이 받은 사명을 수행하기에는 부족한 사람이라고 느꼈고, 그 부르심에 대해 이의를 제기하였다. '저 말고 다른 사람을 시키세요', '저는 보잘것없는 사람입니다', '저는 죄인입니다'….

그때마다 하느님께서는 "두려워하지 마라, 내가 너와 함께 있겠다"라고 대답하신다. 그 일을 하는데 필요한 모든 것을 다 주겠다고 말씀하시는 것이 아니라, '네가 그 소명을 이룰 수 있도록 끝까지 함께 하겠노라'고 말씀하신다.

여기에서 우리는 나의 이름(소명)과 관련하여 두 가지 사실을 알 수 있다. 첫째, 나의 이름 곧 하느님께서 나를 창조하실 때 품고 계셨던 그 계획은 나뿐만 아니라 다른 피조물들도 이롭게 하는 무엇이라는 것이다. 나의 이름은 오직 나만을 이롭게 하는 그 무엇이 아니라 공동선을 위한 것이라는 사실이다. 둘째, 그 계획이 실현되기 위해서는 나 혼자만의 힘으로는 부족하다는 것이다. 그 계획이 완성되려면 나의 곁에서 도움을 주시는 분의 힘과 격려가 지속적으로 필요하다는 사실이다.

그런데 성경의 인물들은 하느님께서 직접 그들에게 나타나시거나 당신의 천사들을 보내셔서 말씀해 주셨으니 평범한 우리보다는 자신의 소명을 찾는 일이 좀 더 쉬웠을 것으로 생각될 수도 있다. 그렇다면 우리는 어떻게 그것을 찾아나가야 할까?

필자 역시 아주 평범한 사람이다. 하느님도 천사도 직접 뵈온 적이 없다. 그럼에도 불구하고 필자가 소명을 찾게 된 그 여정을 들려드리는 것이 어쩌면 여러분이 자신의 이름을 찾는 일에 조금은 도움이 되지 않을까 하여 여기에 나누고자 한다.

나는 태어난 지 이틀 만에 세례를 받았다. 태어난 집이 공소 바로 옆집이었기 때문에 그럴 수 있었다고 한다. 그렇다고 신앙생활을 열심히 한 것은 아니었다. 초등학교 4학년 때 첫영성체를 준비하면서 배운 교리 지식이 가톨릭 신앙에 대해 알고 있던 전부였다. 어린 시절에 신앙과 멀어진 것은 아니지만 그렇다고 신앙이 삶에 어떤 영향을 미쳤다고도 할 수 없다.

그런데 이런 얕은 신앙마저도 송두리째 벗어던진 때가 있었다. 어렸을 때부터 하느님에 대해 들어왔기 때문에 하느님이 이 세상을 창조하고 돌보는 분이심을 알고는 있었으나, 고등학교에 진학할 무렵부터는 세상을 창조하신 그 하느님의 무심함이 너무 싫었다. 당신이 창조하신 존재들이 온갖 어려움을 겪고 있는데도 그들의 삶을 책임져 주지 않는 하느님이 싫었다. 그런 하느님이라면 결별하고 싶었다. 그래서 나는 고등학교 때부터 의지적으로 성당과는 담을 쌓았다.

그러다가 대학엘 갔는데, 당시는 5·18 민주화 항쟁이 일어난 지 얼마 되지 않은 때였고, 누구도 그것에 대해 공개적으로 말할 수 없는 때였다. 나는 언니나 오빠가 없었기 때문에 그때 광주에서 일어났던 일에 대해 아무것도 알지 못했다. 대학 새내기가 되어 기대로 부풀어 있던 그 시절, 학생회관 벽에 날마다 누군가가 붙여놓는 대자보에는 5·18 항쟁의 진상들이 빽빽하게 적혀 있었다. 대자보는 붙여놓은 지 얼마 되지 않아 곧 찢기고 뜯겨나갔지만 진실을 알리려는 이들의 노력을 막아낼 수는 없었다. 나는 큰 충격을 받았다. 거기에 적힌 사실들은 그동안 갖고 있던 모든 지식과 상상력을 다 동원해도 믿을 수도 이해할 수도 없는 끔찍한 내용이었기 때문이다. 국민을 보호하고 지켜야 할 국가 공권력에 의해 자행된 잔인한 폭력과 그 폭력에 의해 부참히 죽어간 이들의 이야기는 내 존재의 기반을 사정없이 흔들었고, 손톱만큼이나마 남아있던 인생에 대한 기대와 꿈을 앗아가기에 충분했다. 그곳에 적혀있는 죄악과 어둠은 내가 맞서 싸우기에는 너무나 거대해 보였다. 달리 말하자면 더 나은 세상을 만들고자 하는 모든 노력이나 수고가 무의미한 것으로 여겨졌다. 세상은 여전히 고생하며 무거운 짐 진 자들로 넘쳐나는데, 그것을 개선할 수 있는 가능성이 없다면 내 인생의 의미는 어디에 있을지, 도대체 왜 우리는 힘들게 인생을 살아야 하는 건지 알 수가 없었다. 그런 생각을 하고 있으니 이토록 끔찍한 일이 일어나도록 방조한 하느님, 불의한 세상을 가만히 두고 보시는 하느님을 더더욱 이해할 수 없었다.

그 시절의 우리에게는 대학생이라면 반드시 읽어야 하는 사회과학 필독서들이 있었다. 여러 책들 가운데 한 권이 「변증법이란 무엇인가」라는 책이었다. 나는 이 책에서 포이베르바흐라는 철학자가 한 말에 밑줄을 몇 번이나 그었다. 그는 신이 인간을 창조한 것이 아니라, 인간의 내적 본성을 외부로 투사한 것이 신이라고 말했다. 달리 말하자면 신이란 인간이 가지고 있는 모든 최고의 이상들을 합쳐놓은 인간의 피조물이란 것이다. 이 구절을 발견하고 나는 인간의 피조물에 불과한 하느님을 잊기로 했다.

그런데… 삶은 여전히 고통스러웠다. 내 존재가 세상의 고통을 해결하거나 줄여가는 데 아무런 보탬이 될 수 없다는 사실이 견딜 수 없을 만큼 힘들었다. 선배들과 친구들은 민주화를 위해 자신을 바쳤고, 체포될 위험을 기꺼이 감수하면서 집회의 현장에 나섰다. 하지만 나는 겁이 났고, 또 나에게 의존하고 있는 가족들의 생계도 무시할 수 없었다.

빛이 들어올 길이 도무지 없을 것 같은 나날들이 흘러갔고, 2학년 여름이 되었다. 당시에 나는 약학을 전공하는 학생이었고, 약대 건물에서 학교 정문까지는 108개가 넘는 계단을 지나야 하는, 20여 분은 족히 걸리는 거리였다. 어느 날 오후, 세상의 모든 무거운 짐을 혼자 진 듯 처진 어깨를 하고 그 길을 터벅터벅 걸어가고 있는데 갑자기 마음속에서 무슨 소리가 들려왔다. 그것은 내 목소리였지만 그 목소리에 담긴 말은 결코 내 말이 아니었다. 그 목소리가 내게 물었다. "야, 네가 하느님에 대해서 알기는 하니? 그분을 알기 위해 무슨 진지한 노력을 했는데? 너는 허구한 날 그분이 부당하다고 말하고 아무것도 하지 않는다고 탓하지만, 너는 그분을 알기 위해 무엇을 했지? 제대로 알아보지도 않고 단정하는 거야말로 부당한 것 아니야? 너는 성경이라도 처음부터 끝까지 읽은 적이 있니?"

나는 시인하지 않을 수 없었다. 사실 그때까지 나는 하느님과 관련하여 책 한 권도 읽은 적이 없었다. 다만 어렸을 때 배웠던 쥐꼬리만도 못한 교리 지식과 상식에 비추어 제멋대로 하느님에 대해 단정하였던 것이다. 그래서 나는 그 목소리와 협상을 했다. 적어도 성경을 한

번은 읽기로 했다. 읽고 나서도 하느님이 없다는 결론이 나오면 영원히 그분과 결별하기로 한 것이다. 최소한의 노력은 한 것이니 더 이상 양심의 가책을 느낄 일도 없을 테니 말이다.

이렇게 협상을 하기는 했지만 당시 성경책이 수중에 없던 나는 계속 미적거리다가 겨울방학이 되어서야 고향집에 내려와 드디어 어머니가 보시던 성경을 집어 들었다. 구약성경부터 읽으려니 너무 부담스러워 결국 신약성경만 읽기로 했다. 복음서부터 순서대로 읽기 시작했는데, 어느 정도 알고 있다고 생각한 성경이 너무 어려웠다. 도무지 이해할 수 없는 말투성이였다. 그래도 하느님을 합법적으로 부정하기 위해 최소한의 예의로 성경을 읽는 것이니만큼 이해가 안 되더라도 그냥 쭉 읽어나가기로 했다. 그런데 복음서를 지나 바오로 사도의 서간에 들어서면서 무엇인가 변화가 일어나기 시작했다. 특히 로마서 7장에 이르러 처음으로 나를 있는 그대로 대변해 주는 말씀이 눈에 확 들어왔다.

"나는 내가 하는 것을 이해하지 못합니다. 나는 내가 바라는 것을 하지 않고 오히려 내가 싫어하는 것을 합니다. … 사실 내 안에, 곧 내 육 안에 선이 자리 잡고 있지 않음을 나는 압니다. 나에게 원의가 있기는 하지만 그 좋은 것을 하지는 못합니다. 선을 바라면서도 하지 못하고, 악을 바라지 않으면서도 그것을 하고 맙니다. … 나는 과연 비참한 인간입니다. 누가 이 죽음에 빠진 몸에서 나를 구해줄 수 있습니까?"(로마 7,15.18-19.24)

"나는 과연 비참한 인간입니다." 어린 시절부터 내 안에서 경험하고 힘들어한 오랜 내적 갈등을 이렇게 잘 표현하는 말씀을 처음으로 발견하고 나는 정말 기뻤다. 그런데 나를 더욱 기쁘게 한 것은 그 비참함에서 벗어날 길이 있다는 그다음 구절이었다. 바오로 사도는 이어서 "우리 주 예수 그리스도를 통하여 나를 구해주신 하느님께 감사드립니다"(7,25)라고 고백한다. 이 말씀은 안으로 잠겨있던 내 마음을 열어젖히는 열쇠가 되었다. 그

때부터 알아들을 수 없던 성경 말씀들이 조금씩 이해되기 시작했다. 그뿐만 아니라 내 인생의 구석구석에 함께하셨던 하느님의 사랑이 보이고 느껴지기 시작했다. 내가 그분을 알아보지 못했던 순간에도 함께 계시며 돌보아 주신 하느님의 현존을 알아차릴 수 있게 된 것이다. 비로소 나는 그토록 찾아 헤매던 인생의 의미와 목적을 하느님의 말씀을 통해 깨닫게 되었다. 내 인생의 의미와 목적은 바로 나를 사랑하시는 하느님을 사랑하고, 그리스도께서 보여주신 대로 이웃을 사랑하는 데 있다는 것을 말이다. 하느님을 믿지 않을 근거를 찾으려고 성경을 읽다가, 그 안에서 그토록 찾아 헤매던 답을 발견하게 된 것이다.

그날부터 내 삶은 180도로 달라졌다. 가진 것이 없어도, 세상을 구원할 아무 수단이 없어도 충만한 행복감을 느낄 수 있었다. 그리고 모든 것이 다르게 보이기 시작했다. 우선 자연부터 달리 보였다. 시골에서 성장한 내게 산과 나무와 풀은 그냥 거기에 배경으로 있는 존재였다. 당연히 그곳에 있는 대상일 뿐 나의 삶과는 아무 관계가 없는 것으로 여겨온 그들이 하나씩 되살아나 내게 말을 건네기 시작했다. 산이, 나무가, 풀들이, 그들을 지어내시고 살아있게 하시는 하느님의 사랑에 대해 내게 이야기하는 것이었다. 내적으로 죽은 사람처럼 지내던 내가 살아나기 시작했다. 어둠이 깊었던 만큼 기쁨도 컸다. 그러자 이 행복한 충일감을 나 혼자만 누려서는 안 된다는 생각이 저절로 우러나왔다. 어둠과 고통 가운데 있는 다른 이들 또한 모두 이런 행복과 기쁨을 맛보게 해야 한다는 생각이 계속해서 올라왔다.

이것은 일회적인 체험으로 그치지 않았다. 하느님을 사랑하고 이웃을 사랑하는 일에 온전히 헌신하고 싶다는 생각도 깊어져 갔다. 그 어떤 것도 나 자신만을 위해 유보해 두고 싶지 않았다. 그래서 나는 대학 3학년 때 수도자가 되기로 결심하였다. 드디어 나만이 고유하게 걸어갈 수 있는 길을 발견하게 된 것이다. 나의 방식으로 정의를 실천하고 민주화를 앞당길 수 있는 길이 이

길이라고 깨닫게 된 것이다. 선배들과 친구들이 민주화를 위해 집회를 조직하고 목숨을 걸고 거기에 참여하는 것을 선택한다면, 나는 수도자가 되어 세상을 위해 기도하고 내 삶을 가난한 이들을 위해 내어주는 것이야말로 내가 가고 싶고 갈 수 있는 길임을 알게 되었다. 각자가 가장 잘 할 수 있는 길을 선택하여 걷되 우리는 세상의 선을 증진시킨다는 같은 목표를 향해 걸어가는 것이라고 여겼다. 나는 지금도 이 길로 불러주시고 응답을 드릴 수 있었던 것에 대해 하느님께 감사드린다. 삶의 의미를 못 찾고 헤매던 나를 하느님께로 돌려 세워주신 것이야말로 내 인생에서 가장 감사해야 할 일이라고 생각한다.

필자는 '나의 이름'을 찾기까지 20여 년이 소요되었다. '나의 이름'은 태어날 때부터 주어진 것이지만 그것을 찾고 나의 것으로 받아들이는 과정은 결코 쉽지 않다. 그러므로 우리 인생의 중요한 과제 중의 하나는 "나에게 주어진 진짜 이름을 찾고 그것을 받아들이는 것"이라 할 수 있다. 그 이름에 따라 살 때에만 우리는 비로소 행복해질 수 있기 때문이다.

그런데 나의 참모습은 내 안에 하나의 씨앗처럼 주어져 있다. 이 씨앗은 인생이라는 밭에 뿌려져 썩고, 그 안에서 싹이 트는 고통스러운 과정을 거쳐야만 비로소 그 모습을 완전히 드러낸다. 이처럼 내 안에 씨앗으로 주어진 나의 이름이 싹이 트고 열매를 맺으려면, 나 자신에 대해 품고 있던 환상과 결별하는 고통스러운 과정이 요구된다. 이러한 과정을 통해 자신의 고유한 모습을 발견해 나갈 때 비로소 우리는 다른 사람과의 비교에서 해방되고, 다른 사람들의 소망이나 기대에 부응해야 한다는 의무감도 내려놓게 된다. 인생에서 마주하게 되는 크고 작은 고통들은 우리 자신의 참된 이름, 고유한 개인 성소가 드러나게 하는 선물이 될 수도 있다. 하느님께서 우리에게 고통을 허락하시는 이유 중

하나는 행복의 열쇠인 자신의 참모습, 진짜 이름을 발견하게 하시려는 것일 수도 있다.

이 세상에서 자신의 소명을 발견한 사람의 삶은 생기가 넘치고 풍성한 결실을 맺는다. 일단 자신의 고유한 부르심 곧 개인 성소聖召가 무엇인지를 식별하게 되면, 그 '개인 성소'는 매일의 사소한 결정을 포함하여 삶의 모든 중요한 결정을 위한 식별 기준이 된다. 곧 인생에서 무엇을 선택하고 선택하지 않아야 되는지에 대한 뚜렷한 기준을 갖게 된다. 또한 내가 세상에서 무엇을 할 수 있고 또 무엇을 해야 하는지를 발견함으로써, 우리 삶은 자신과 다른 이들에게 기쁨을 가져다주는 축복이 될 수 있다.

나의 이름을 사는 여정

자신의 이름을 어렵사리 찾아냈다고 하더라도 저

절로 '고유한 나'로서 살 수 있는 것은 아니다. 사실 자신의 이름을 발견한다는 것은 자신이 불완전한 존재임을 아는 것도 포함한다. 곧 나의 이름을 알게 되는 것과 함께, 나에게는 그 이름(소명)을 실현할 수 있는 충분한 힘과 지혜가 없다는 사실 또한 인식하게 되는 것이다.

내가 어떤 존재가 되어야 하는지를 이제 막 알게 되었는데, 내 안에 그것을 이루어 낼 수 있을 만큼의 충분한 자산이 없다는 사실을 알아차리는 것은 또 다른 절망감을 안겨줄지도 모른다. 그럼에도 불구하고 우리는 여전히 희망할 수 있다. 이 희망의 근거를 제시하기 위해 다시 한번 필자의 경험을 나누고자 한다. 이 작은 나눔을 통해 자신의 이름대로 산다는 것, 자신의 고유한 성소에 따라 산다는 것이 과연 어떻게 사는 것을 의미하는지 생각해 보는 계기가 되시길 바란다.

나는 스물다섯이 되던 해에 하느님을 사랑하고 이웃을 사랑하는 일에 목숨을 바치겠다는 굳은 결의를 하고 수녀원에 입회하였다. 그것이 바로 내가 걸어가야 할 길이라고 믿었기에 나는 이 결정에 대해 진심으로 기뻐하였다. 참으로 기쁘게 입회하였지만 위기는 수녀원에 입회한 바로 그다음 날 찾아왔다.

그때는 예수님의 부활을 준비하기 위하여 극기와 고행을 하는 사순 시기였다. 사순 시기에는 수녀님들이 무엇인가를 희생하고, 그 희생으로 모은 돈을 가난한 이들을 위한 기금으로 사용한다고 했다. 수도자들이 사순 시기에 하는 희생은 대부분 식비를 줄이는 것이다. 곧 평소 때보다 무엇인가를 덜 먹거나 안 먹는 것이다. 그해 사순절에는 아침에 먹는 과일을 평소 때보다 훨씬 더 값싼 것으로 준비하였다. 지금은 단종이 된 것으로 알고 있는 국광이라는 품종의 사과였는데, 껍질이 아주 두껍고 단맛은 별로 없는 사과였다. 게다가 그 크기는 아기 주먹 정도밖에 되지 않았다. 그 시절에 우리는 그 사과를 전쟁 때나 먹을 사과라는 의미로 6·25 사과라고 불렀다. 수녀원에서 단 하룻밤을 지내고 난 그 다음 날 아침, 식탁에는 문제의 그 6·25 사과가 조그마한 바구니에 담겨있었다. 식사 전 기도를 하는 동안 내 눈은 거의 자동적으로 그 바구니에 놓인 맛없어 보이는 사과들 가운데 가장 맛있어 보이는 사과를 찾기 시작했다. 그러다가 그만 깜짝 놀라고 말았다. 내 모습을 마주하고 당황하지 않을 수 없었다. 하느님을 사랑하고 이웃을 사랑하겠다는 굳은 결심은 어디로 갔는지, 가장 맛있는 사과를 내가 차지하겠다는 욕심에 사로잡혀 있는 자기중심적인 내가 거기에 있었던 것이다. 나의 이기심은 질기디질긴 고무줄처럼 내 안에 들러붙어 있었고, 그놈을 내 힘으로는 도무지 떼버릴 수도 없앨 수도 없다는 것을 알았다. 그러자 덜컥 겁이 났다. 수녀원에 입회한 지 하루 만에 나는 수도생활을 할 자격이 없는 사람이라고, 아무래도 집으로 돌아가야겠다고, 묵상 시간에 울면서 예수님께 말씀드렸다. 그때 마음속에서 이런 말씀이 들려왔다.

"야, 너 몇 년 동안 그렇게 이기적으로 살았니?"

"25년 동안이요…."

"그럼 그거 벗어버리는 데 얼마나 걸릴 것 같아?"

"글쎄요…."

"25년간 이기적으로 살았으니 그걸 완전히 벗어버리려면 25년 정도는 걸리지 않을까? 그 정도는 기회를 줘봐야 하지 않을까?"

그래서 그날 나는 내 안에 자리 잡은 이기주의와 자기중심주의를 벗어버리기 위해 스스로에게 25년을 주기로 마음먹었다. 25년 동안 열심히 낡은 옷을 벗어버리고 하느님과 이웃에 대한 사랑이라는 새 옷을 입기 위해 노력해 보기로 했다. 약속한 대로 나는 25년 동안 자신을 인내해 주었다. 그리고 마침내 25년이 지났다. 수도생활의 은경축을 맞이하게 되었을 때 나는 지난 세월을 되돌아보았다. 어떻게 되었을까? 과연 내가 이기주의와 자기중심주의의 낡은 옷을 모두 벗어버릴 수 있었을까…?

솔직히 고백하자면 나는 여전히 이기적이고 자기중심적이다. 물론 정도에 있어 눈곱만큼은 줄어들었겠지만 부끄럽게도 나는 여전히 이기적이고 자기중심적이다. 그러나 달라진 것이 있다. 25년의 세월 동안 나는 내 안의 이기주의와 자기중심주의, 죄마저도 하느님께서 나를 사랑하시는 데 걸림돌이 될 수 없다는 것을 깨닫게 되었다. 그런 모든 것들은 하느님께서 나를 사랑하시는 것을 멈추게 하지 못했다. 달리 말해서 하느님의 사랑은 내 잘못이나 죄보다 훨씬 더 크다는 것을 체험으로 알게 된 것이다. 그래서 이제는 나의 불완전함이나 죄 때문에 불안해하지 않는다. 하느님은 여전히 나를 사랑하고 계시며, 내가 계속 그런 악한 힘에 지배를 당하도록 버려두지 않으신다는 것을 믿고 또 안다. 하느님께서는 날마다 내가 '나의 이름'에 맞갖게 살아가도록, 곧 나의 소명대로 살 수 있도록 인도하여 주신다. 주변에 있는 형제자매들의 존재를 통하여, 말씀을 통하여, 때로는 고통과 아픔을 통하여, 또 말로는 표현할 길이 없는 당신의 현존을 통하여 나를 성장시켜 가신다.

그러므로 자신의 본래 이름대로 살기 위해서는, 그것이 무엇인지를 아는 것만으로는 충분하지 않다. 그것을 살 수 있도록 인도해 주시고 힘을 주시는 분의 존재를 알게 될 때 우리는 두려움과 장애를 극복할 수 있다. 또 자신이 완전한 존재가 아니라는 사실을 평온하게 인정하고 받아들일 수 있게 된다. 사실 존재의 완성이란 나의 개별적인 존재가 완벽해지는 것을 의미하지 않는다. 마치 퍼즐 조각이 서로 맞추어져야 그림이 완성되는 것처럼 각자가 지닌 장점과 한계들이 서로 어우러지면서 우리는 완성되어 간다. 너 없이 나는 완성될 수 없다. 주위에 있는 동료와 가족, 인생의 여러 단계에서 만나게 되는 모든 사람이 결국 우리를 완성시키는 데 필요한 도움을 주는 이들이다. 또 우리 각자는 알게 모르게 내 주변의 사람들이 완성되는 데 필요한 도움을 주고 있다.

그런데 세상의 모든 것이 우리의 참자아가 드러날 수 있게 하고 우리를 성장시키는 사랑의 손길임을 인식하려면, 무엇보다 우리가 있는 그대로 무한히 사랑받는 존재임을 알아야 한다. 우리를 조건 없이 있는 그대로 사랑하실 수 있는 분은 오직 하느님뿐이시다. 우리를 사랑하시고, 언제나 괜찮다고 말씀해 주시는 하느님의 사랑 때문에 우리 역시 지치지 않고 다른 이를 사랑할 힘을 얻을 수 있다. 변치 않는 하느님 사랑이야말로 우리에게 주어진 고유한 이름대로 살아갈 수 있게 하는 힘의 원천인 것이다. 이 글을 읽는 독자 여러분이 모두 이 힘의 원천을 만나 각자가 이 세상에 존재하는 목적을 완성해 나가길 간절히 바란다.

둘째 이야기

참으로 자유롭게 산다는 것은

사람은 너나없이 자유를 갈망한다. 어떠한 속박도 없이 원하는 것을 원하는 때에 할 수 있는 자유를 갖고 싶어 한다. 그러나 역설적이게도 우리 삶에는 개인의 자유를 제약하는 수많은 요소들이 존재한다. 질병으로 인해 신체를 자유롭게 움직이지 못하게 되기도 하고, 시공간의 제약으로 인해 자유가 제한되기도 한다. 그 누구도 우리의 자유를 제약하는 이런 요소들에서 완전히 자유로울 수 없다. 우리 모두는 정도의 차이는 있을지언정 저마다 어딘가에 묶여있어 자유롭지 않다. 자유롭고 싶지만 사실은 자유롭지 않은 것이 우리의 진짜 현실이라

할 수 있다. 우리의 삶을 속박하는 이런 요소들에도 불구하고 자유롭게 살 수 있는 길이 있을까? 어떻게 하면 자유롭게 살 수 있을까?

나는 자유로운가?

먼저 자유는 '소극적 자유'와 '적극적 자유'로 구분할 수 있다. 소극적 자유가 아무런 속박이 없는 상태를 의미한다면, 적극적 자유는 자신이 하고 싶은 것을 할 수 있는 상태를 가리킨다. 우리는 이 두 가지 자유를 충분히 누리고 있다고 할 수 있을까? 가만히 들여다보면 실상은 그렇지 못하다. 자유를 제대로 행사하기 위해서는 그것을 행사하는 데 필요한 근육을 키우는 꾸준한 연습과 훈련이 필요하기 때문이다.

소극적 자유부터 살펴보자. 소극적 자유가 아무

런 속박이 없는 상태를 가리킨다면, 과연 우리는 아무런 속박도 받지 않고 살고 있나고 자신할 수 있을까? 이런 질문을 받으면 누군가는 우리는 자유 민주주의 국가에 살고 있으니 당연히 자유롭다고 말할지도 모르겠다. 과연 그럴까?

지난 2020년 1월부터 거의 3년 동안 코로나바이러스감염증-19의 확산으로 큰 고통을 겪으며 우리의 자유는 여러 모로 크게 제한을 받았다. 아름다운 자연을 찾아 떠나는 일도, 친구들과 카페에 앉아 여유롭게 한담을 나누는 일도, 교실에 앉아 수업을 받는 지극히 평범한 일상조차 자유롭게 할 수 없었던, 유폐 아닌 유폐의 삶을 살아야 했다. 그때는 전 세계가 마치 카뮈의 「페스트」에 등장하는 폐쇄된 도시 오랑이 된 것 같았다. 우리의 자유를 속박하는 것이 바이러스뿐이겠는가? 어느 누구도 인생을 자신이 원하는 대로만 살지는 못한다. 모든 이가 자신의 삶이 목표를 향해 순탄하게 전개되기를 희망하지만, 인생에는 전혀 예상하지 않았고 또 예측할 수도 없는 수많은 장애물이 존재하고, 이런 것들로부터 완전히 자유로울 수 있는 사람은 아무도 없다.

적극적 자유는 또 어떠한가? 우리 모두가 자신이 하고 싶은 것을 할 수 있는 상태에 있다고 할 수 있는가? 과연 우리가 자신의 의지대로 행동할 수 있을 만큼 자유로운 존재일까? 만약 누군가가 나에게 도무지 입에 담지도 못할 악담을 쏟아붓는다면, 나는 어떻게 하겠는가? 누군가가 나를 모욕한다면 어떻게 반응하는가? 그럴 때는 똑같이 모욕으로 되갚는 선택밖에 할 수 없다고 생각한다면 과연 그것을 자유롭다고 할 수 있을까? 그런 순간에도 자신이 원하는 다른 선택을 할 수 있는 자유가 있는가? 우리 자신을 불쾌하게 하거나 고통스럽게 하는 다양한 폭력에 노출될 때, 우리는 그것으로부터 자신을 지키기 위해 본능적으로 또는 자동 반사적으로 대응하게 된다. 이런 때 본능의 충동에서 자유롭기란 대단히 어려운 일이다.

우리가 경험하는 실패나 좌절 앞에서는 어떠한가? 이런 순간에 우리는 어떻게 반응하는가? 또 예상하지 못했던 갑작스러운 상실 앞에서는 어떠한가? 이런 순간에도 자신이 해야 하는 일을 할 수 있을 만큼 내적인 조건으로부터 자유로울 수 있을까? 먹고 자는 일과 같은 삶의 가장 기본적인 행위도 포기할 만큼 강박과 중독에 빠져드는 경우는 아예 자유를 상실한 상태라고 할 수 있다.

이렇게 하나하나 짚어보자면 과연 우리는 자유롭다고 할 수 있을까? 억새가 바람에 이리저리 흔들리듯, 우리를 둘러싸고 있는 수많은 조건에 따라 우리 역시 흔들리며, 자신이 바라는 모습대로 살지 못하고 끌려다니고 있지는 않은가?

자유로운 삶: 사랑을 선택하는 삶

그렇다면 자유롭다는 것은 무엇을 의미하는 걸까? 어떻게 사는 것이 자유로운 것일까? 자유롭다는 말을 우리는 세 가지 수준에서 할 수 있다. 곧 반사적 자유, 선택의 자유, 사랑할 수 있는 자유의 단계다. 우리가 지향해야 할 자유는 세 번째인 '사랑할 수 있는 자유'다. 각각의 자유에 대해 좀 더 살펴보자.

반사적 자유

반사적 자유란 외부나 내부의 자극이 오면 이에 반사적으로 반응하는 능력을 의미한다. 예를 들어 누가 나를 한 대 친다면 나 역시 상대방을 치고 싶다는 충동이 일어난다. 이때 이 충동대로 할 수 있는 능력이 곧 반사적 자유다. 이 자유는 자신을 지키기 위해 필요하다.

그런데 모두가 반사적 자유에 따라 행동한다면 세상은 어떻게 될까? 우리는 이 세상에서 고립된 존재로 살지 않고 다른 이들과 함께 살아간다. 그러므로 우리가 행사하는 자유가 다른 이의 자유를 침해한다면 세상은 무질서한 상태가 되고 말 것이다. 따라서 반사적 자유는 다른 이의 자유와 충돌하지 않도록 길들일 필요가 있다. 나의 자유가 중요한 만큼 다른 사람의 자유도 중요하기 때문이다. 다른 사람의 자유를 존중하며 제멋대로 행동하지 않으려면, 어떤 상황에서는 아무리 화가 나도 참고 견딜 수 있는 능력을 키워야 한다. 곧 경우에 따라 나의 반사적 자유를 행사하지 않을 수 있어야 한다. 이처럼 반사적인 자유를 조절할 수 있는 능력을 키워야만 우리는 한 사회 안에서 성숙한 구성원으로 살아갈 수 있다. 반사적 자유를 길들이지 못하면 자신의 내적 충동에 따라 살게 되고, 그러면 나쁜 습관이나 중독에 빠지기 쉽고 또 유혹에 쉽사리 지고 만다.

선택의 자유

선택의 자유는 무엇인가를 하거나 하지 않을 수 있는 자유를 말한다. 선택의 자유를 잘 행사하기 위해서는 무엇이 참으로 자신에게 유익한 것인지를 알고, 그것을 선택할 수 있는 식별의 능력을 키워야 한다. 모든 선택이 다 좋은 것은 아니기 때문이다. 올바른 식별 능력을 갖추지 못한 채 제멋대로 선택을 하게 된다면 결국에는 선택의 자유로 인하여 실패한 인생을 살게 될 수도 있다. 이 자유를 현명하게 사용할 때 올바른 선택을 할 가능성도 그만큼 커진다.

사랑할 수 있는 자유

세 번째 자유는 외적 조건에 매이지 않고 어떤 상황에서든지 사랑을 선택할 수 있는 자유다. 이는 오직 자신에게서 해방된 이들만이 누릴 수 있는 자유다. 이런 자유를 얻기 위해서는 반사적 자유를 길들이고, 선택의 자유를 잘 행사하도록 연습과 훈련을 거듭해야 한다. 그래야만 하느님과 이웃을 온전히 사랑할 수 있는 자유를 얻게 된다. 이 자유는 자신을 옥죄고 있는 것이 무엇인지 알고, 그것을 넘어서려고 노력하는 자만이 누릴 수 있는 자유다. 이런 자유는 저절로 얻어지는 것이 아니라 자신을 초월하려는 연습과 노력을 통하여 얻을 수 있다.

이런 자유를 누릴 수 있었던 한 인물을 소개하고자 한다. 지금은 고인이 된 넬슨 만델라이다. 그는 남아프리카공화국에서 처음으로 평등선거가 실시되었을 때 대통령에 당선된 세계 최초의 흑인 대통령이다. 그가 대통령직을 수행하던 당시의 사진을 보면 그의 얼굴에는 내적 평화가 드러난다. 온화한 미소를 짓고 있는 그의 얼굴에서 온갖 역경을 겪은 이가 가질 법한 원망이나 씁쓸함을 찾아내기는 어렵다. 사실 그는 정적政敵들의 고발로 27년간 독방에서 투옥 생활을 하였고, 71세가 되어서야 감옥에서 풀려날 수 있었다. 그러나 감옥 문을 나설 때 그는 자신을 고통으로 몰아넣었던 이들에 대한 미움에 사로잡혀 있지 않았다. 그는 자유로웠다. 그는 당시의 마음을 이렇게 표현한다. “감옥 문을 나선 뒤에도 계속 그들을 증오한다면, 여전히 감옥에 갇혀 있는 것과 다를 바 없다는 생각이 들었습니다. 자유롭고 싶었기 때문에 증오심을 내려놓았습니다.” 이 말은 그가 악으로 기울어지려는 성향에서 어느 정도 자유롭게 된 상태에 이르렀음을 보여준다. 그는 자신에게 고통을 가한 이들에게 복수하거나 더 큰 악을 가하려는 내적인 충동을 눌러 이겼다. 곧 반사적 자유를 길들였고, 무엇이 자신에게 가장 유익한 것인지를 식별하고, 그것을 선택할 수 있는 내적 힘을 키웠다. 이런 훈련을 통하여 그는 사랑이 요구하는 선택을 할 수 있는 참으로 자유로운 사람이 된 것이다.

악인은 자기 마음의 지배를 받지만 의인은 자기 마음을 지배한다는 말이 있다. 우리가 추구하는 진정한 자유는 자기 마음을 지배할 때 얻을 수 있는 자유가 아닐까? 하지만 이런 자유를 얻는 일은 결코 쉽지 않다. 내 마음이지만 내 마음대로 할 수 없는 때가 얼마나 많은가? 마음이 고삐 풀린 망아지처럼 제멋대로 날뛸 때 그것을 차분히 가라앉혀 가장 올바른 선택을 하게 하려면 어떻게 해야 할까? 어떻게 하면 넬슨 만델라가 누렸던 그런 자유를 얻을 수 있을까? 과연 신앙은 이런 자유를 얻는 데 어떤 도움을 줄 수 있을까?

이러한 질문에 대한 답을 얻기 위해 성경에 등장하는 인물들 가운데 참으로 자유롭게 살았다고 할 수 있는 인물의 예와 그 반대의 예를 찾아보려 한다. 이를 통해 신앙이 어떻게 우리를 자유롭게 하는지 알 수 있기 때문이다.

성경 인물에게서 배우는 참된 자유

먼저 사랑의 자유를 훌륭히 살아낸 인물로, 탈출기 1장에 소개된 히브리 산파 시프라와 푸아에 대해 알아보고, 반대로 사랑의 자유를 살지 못하여 우리에게 반면교사가 되는 인물로 열왕기 하권 16장에서 소개되는 유다의 임금 아하즈를 살펴보겠다.

히브리 산파 시프라와 푸아(탈출 1,15-21)

탈출기 첫 부분에 등장하는 히브리 산파들의 이야기를 이해하려면 탈출기 1장의 시공간적 배경에 대한 이해가 있어야 한다. 탈출기 1장은 창세기와 탈출기를 연결하는 부분으로 성조들의 이야기가 어떻게 탈출기와 연결되는지를 간략하게 소개한다. 아브라함이 하느님의 부르심을 받고 하란 땅을 떠나 가나안에 정착하고 난 후 우여곡절 끝에 하느님께서 약속하신 아들 이사악이 태어났다. 이사악에 이어 그의 아들 야곱의 시대에 이르렀을 때, 가나안 땅에는 심각한 기근이 들었다. 야곱의 열두 아들 중 하나인 요셉은 형들의 시기로 이집트로 팔려가 고난을 겪기도 하였지만 결국 파라오의 재상이 되어 온 나라의 살림을 도맡아 관리하게 되었다. 온 세상이 기근으로 고통을 받고 있었지만 살림을 잘 관리한 요셉 덕분에 이집트 땅에는 식량이 있었다. 바로 이 때문에 심각한 기근에 시달리던 야곱의 일족은 이집트로 이주하게 된 것이다. 탈출기 1장은 이때 이집트로 내려갔던 야곱의 가족들을 소개하는 말로 시작한다. 이집트로 내려간 야곱의 일족은 요셉 덕분에 이집트의 고센 지방에 정착할 수 있었다. 그래서 탈출기 시작 부분의 공간적 배경은 이집트 땅이다.

이스라엘 백성은 이집트 땅에서 그 수가 엄청나게 불어난다. 이는 하느님께서 아브라함, 이사악, 야곱에게 하신 후손에 대한 약속이 성취되었음을 알려준다. 세월이 많이 흘러 요셉을 알지 못하는 새 파라오가 등극하였고, 그는 이집트 땅에서 이집트인들의 수보다 이스라엘 백성의 수가 더 많은 것을 보고 두려움을 품는다. 파라오는 이스라엘 백성이 혹시라도 전쟁 때에 원수들의 편에 서게 되거나 이집트를 떠나게 될까 봐 염려하였던 것이다.

파라오가 이스라엘 백성을 억압하기 위해 택한 첫 번째 정책은 그들을 강제노역으로 혹사시키는 것이었다. 그는 피톰과 라므세스에 양곡 저장 성읍을 짓는 데 이스라엘 백성을 동원한다. 피톰과 라므세스는 이스라엘 백성이 정착한 고센 지방에 위치한 성읍이다. 그러나 강제노역으로도 이스라엘의 인구는 줄어들지 않았고, 그들은 억압을 받을수록 더욱 번성하고 널리 퍼져 나갔다. 하느님께서 그들과 함께 계셨기 때문이다. 그래서 이집트인들은 더욱더 이스라엘 자손들을 두려워하게 되었다.(탈출 1,12 참조)

그러자 파라오는 이스라엘 백성을 더 호되게 다룬다. 이번에는 그들을 노예로 부리며 온갖 고된 일을 혹독하게 시킨다. 그러나 이 정책도 실패하자 파라오는 히브리 산파들을 이용하여 몰래 히브리인들의 사내아이가 태어나는 즉시 죽이고자 한다. 사내아이들만 죽이고 여아들은 살려두는 이유는 혼혈 정책을 통해서 히브리인들의 정체성을 말살하기 위함이다. 바로 이 상황에서 우리의 주인공, 시프라와 푸아가 등장한다. 절대 권력을 가진 강력한 파라오는 이 히브리 산파들을 불러 사내아이가 태어나는 즉시 죽이라는 명령을 내린다.(1,16 참조) 파라오의 명령을 받은 이 무력한 두 산파가 할 수 있는 선택은 무엇일까? 절대 권력을 가진 파라오와 무력한 산파, 과연 참된 힘은 누구에게 있을까? 겉보기에는 파라오가 전권을 가진 것처럼 보인다.

우리가 만약 이 산파였다면 어떤 선택을 했을까? 히브리인 산파들은 어떤 선택을 할 수 있을까? 파라오가 너무 두려운 나머지 그저 파라오가 시키는 대로 할 수도 있을 것이다. 그런데 그렇게 하려면 자기 동족을 배반해야 하고, 내가 살기 위해서 동족의 아기들을 죽여야 한다. 동족을 배반하기 싫어 몰래 밤중에 달아나는 것을 선택한다 해도, 병거를 타고 쫓아올 파라오의 군대를 피할 수 있는 가능성은 별로 없어 보인다. 도망가자니 잡혀 죽을 것이 뻔하고, 그렇다고 동족을 배반할 수도 없으니 차라리 스스로 목숨을 끊는 극단적인 선택을 할 수도 있다. 그러나 이렇게 한다면, 결과적으로 그들은 생명을 구할 수 있는 모든 기회 역시 상실하게 된다. 이 산파들은 어떤 선택을 하였을까?

파라오의 명령을 받은 산파들은 조금도 주저하지 않은 듯하다. 왜냐하면 파라오의 명령에 이어 바로 다음 구절에서 산파들이 **"하느님을 경외하는 마음에서"**(탈출 1,17) 이집트 임금이 분부한 대로 하지 않고 사내아이들을 살려주었다고 말하기 때문이다.

이 사실을 안 파라오는 당장 산파들을 불러들여 문초한다. "너희는 왜 그런 짓을 하였느냐? 왜 사내아이들을 살려주었느냐?"(1,18) 산파들은 이렇게 대답한다. "히브리 여자들은 이집트 여자들과는 달리 기운이 좋아, 산파가 가기도 전에 아기를 낳아버립니다."(1,19) 이 대답은 산파들을 처벌할 수 있는 어떤 구실도 허락하지 않는 지혜로운 답변이다. 결국 산파들은 아기들의 목숨도 구하였고 자신들의 목숨도 구하였다. 이 산파들의 현명한 선택을 보시고 하느님께서는 그들을 잘 돌보아 주셨고, 이스라엘 백성도 계속하여 번성하고 강해졌다. 또한 "산파들이 하느님을 경외하였기 때문에 하느님께서는 그들의 집안을 일으켜 주셨다."(1,21) 이렇게 하여 이스라엘의 인구를 줄이려는 파라오의 정책은 또 실패한다.

산파들의 선택이 하느님께 대한 그들의 경외심에서 나온 것이라면, '하느님을 경외한다는 것'은 구체적으로 무엇을 의미할까? 하느님을 경외한다는 것,

하느님을 두려워한다는 것을 달리 표현하면, '하느님이 아닌 것을 두려워하지 않는 것'이다. 곧 하느님이 아닌 것을 하느님보다 더 우위에 두지 않는 것을 의미한다. 만약 우리가 어떤 사람이나 상태를 하느님보다 더 두려워한다면, 우리는 바로 그 사실로써 그 사람이나 그 상태가 하느님보다 더 높다고 고백하는 셈이 된다. 하지만 이 세상에서 우리가 두려워하는 그 어떤 존재도 하느님보다 높을 수 없다.

우리는 이 세상에서 참으로 많은 것을 두려워한다. 다른 이들의 시선이나 평가를 두려워하고, 내 삶에 대해 전권을 가진 것처럼 보이는 이들을 두려워하며, 내 육신의 자유를 크게 제한할 질병과 고통을 두려워한다.

그러나 하느님을 참으로 두려워할 줄 아는 사람은 하느님이 아닌 것을 두려워하지 않는다. 하느님께서 그 모든 것보다 크신 분이며, 그 모든 것에서 우리를 지켜주실 수 있는 분임을 알기 때문이다. 하느님은 두려움으로 우리의 자유를 구속하는 분이 아니다. 오히려 우리가 더욱더 우리 자신이 될 수 있도록 이끄시는 분이며, 우리에게 필요한 것을 언제나 기꺼이 주시는 분이다. 이것을 아는 이들은 하느님께서 원하시는 것을 선택하고자 한다. 하느님이 원하시는 것은 나를 이롭게 할 뿐만 아니라 다른 모든 이들도 이롭게 한다는 것을 믿기 때문이다.

그래서 히브리 산파들은 파라오가 원하는 것이 아니라 하느님께서 원하시는 것이 무엇인지 여쭈었고, 그것을 선택하고자 하였다. 그들은 파라오의 강력한 힘에 마비되어 자유를 잃지 않았다. 파라오가 가진 힘의 주인이 하느님이심을 알고 있었기 때문이다. 그래서 그들은 하느님께서 원하시는 것을 선택하기 위해 그들의 자유를 행사하였다. 그들은 하느님께서 바라시는 것이야말로 그들도, 아기들도, 파라오도 살 수 있는 길임을 믿었다. 그들은 믿음으로 하느님이 원하시는 것을 선택할 수 있는 지혜를

청하였고, 그들이 파라오에게 한 대답은 하느님께서 그들에게 주신 지혜의 결실이다. 산파들의 자유는 오직 하느님을 경외하는 이들만이 누릴 수 있는 자유다. 그들은 하느님이 아닌 것을 두려워하는 마음에서 해방되었기에 하느님의 뜻에 맞는 일을 선택하는 자유를 행사할 수 있었던 것이다.

지혜로운 산파들의 선택으로 파라오가 히브리인 사내아이를 몰래 죽이려는 정책은 실패하였다. 그러나 파라오는 계속해서 이스라엘을 억압하였고, 그들의 인구 증가를 막기 위한 계획을 멈추지 않았다. 이제 그는 히브리인들의 사내아이가 태어나면 모두 강에 던지라는 명령을 내린다.(탈출 1,22 참조) 이스라엘을 억압하기 위한 파라오의 거듭된 시도를 영적으로 해석하면, 이 세상에서는 우리의 자유를 묶고 억압하는 것들이 끊임없이 생겨난다는 것을 의미한다. 그럼에도 불구하고 우리가 참으로 하느님을 두려워할 줄 안다면, 곧 하느님이 아닌 것을 두려워하지 않을 줄 안다면, 그것이 우리의 자유를 묶지 못할 것이다.

반면교사 아하즈 임금(2열왕 16장)

이번에는 대조적으로 사랑과 선을 선택할 자유를 제대로 누리지 못한 예를 살펴보겠다. 성경에는 훌륭한 선택을 한 예만 있는 것이 아니라 그릇된 선택을 한 예들도 많이 있다. 그들의 이야기 역시 우리에게 참된 자유에 대한 가르침을 준다.

열왕기 하권 16장에 나오는 아하즈는 이스라엘이 남과 북으로 나뉘었던 분열 왕국 시대 때 남쪽 유다 왕국의 임금이었다. 그가 유다를 다스리던 시절에 북이스라엘 왕국은 궁정에서 역모가 연달아 발생함에 따라 정치적으로 상당히 불안정했다. 게다가 당시 고대 근동의 강대국이었던 아시리아 제국의 압박도 점점 심해지던 상황이었다.

구약성경의 역사가는 아하즈 임금을 상당히 부

정적으로 평가하며 '그는 하느님의 눈에 드는 일을 하지 않고 이스라엘 임금들의 길을 따라 걸었다'고 기록한다. 그가 왜 이런 평가를 받게 되었는지 그 연유를 알아보자.

아하즈 임금 때 유다에 전쟁이 일어났는데, 우리는 이 전쟁을 '시로-에프라임 전쟁'이라고 부른다. 시리아와 에프라임(북이스라엘을 말함) 사이의 전쟁이 아니라, 시리아와 북이스라엘의 동맹 곧 시로-에프라임 동맹군이 유다를 쳐들어온 전쟁이다. 시로-에프라임 동맹군이 결성된 이유는, 당시 메소포타미아 지역을 지배하던 나라는 아시리아였고, 이 아시리아가 서쪽 지방으로 세력을 확장하기 위하여 무력행사를 하기 시작하였기 때문이다. 그래서 레반트 지역(동부 지중해 연안)의 약소국들은 동맹을 결성하여 아시리아에 함께 대항하고자 하였다. 시리아와 에프라임이 먼저 동맹을 맺고, 유다에 이 동맹에 가담할 것을 제안하였지만 유다의 아하즈 임금은 아시리아를 두려워하여 이 제안을 받아들이지 않았다. 그러자 시로-에프라임 동맹군은 유다로 쳐들어와 아하즈 임금을 죽이고 그들의 말을 잘 들을 사람을 선택하여 유다의 임금으로 세우고자 전쟁을 일으켰고, 이 전쟁이 바로 시로-에프라임 전쟁이다. 이 전쟁은 유다에 막대한 피해를 입히기는 하였으나 시리아와 북이스라엘 두 임금의 목적은 달성되지 않았다.

당시에 유다에서 활동하던 예언자는 유명한 이사야 예언자다. 이 예언자는 두려움으로 떨고 있는 유다의 임금 아하즈를 찾아가 유다를 쳐들어온 시리아와 이스라엘의 임금을 두려워하지 말라고 전한다. "진정하고 안심하여라, 두려워하지 마라. 르친과 아람, 그리고 르말야의 아들이 격분을 터뜨린다 하여도 이 둘은 타고 남아 연기만 나는 장작 끄트머리에 지나지 않으니 네 마음이 약해지는 일이 없도록 하여라."(이사 7,4) 이 예언에서 '르친과 아람'은 아람 곧 시리아의 임금 르친을 가리키는 것이고, '르말야의 아들'은 북이스라엘의 임금 페카를 가리킨다. 곧 이사야가 전한 예언의 요지는 유다를 공격한 르친 임금과 페카 임금을 두려워하지 말라는 것이다. 하지만 아하즈는 예언자의 예언을 듣고도 안심하지 못한다.

이에 이사야 예언자는 아하즈에게 저 유명한 '임마누엘' 하느님에 대한 예언을 한다. "보십시오. (저) 젊은 여인이 잉태하여 아들을 낳고 그 이름을 임마누엘이라 할 것입니다. 그 아이가 나쁜 것을 물리치고 좋은 것을 선택할 줄 알게 되기 전에, 임금님께서 혐오하시는 저 두 임금의 땅은 황량하게 될 것입니다."(이사 7,14.16) 이사야는 그들이 모두 알고 있는 한 여인('저 젊은 여인': 히브리어 원문에는 정관사가 결합되어 있어서 청중이 모두 알고 있는 여인임을 시사)이 지금 임신한 상태인데 그 여인이 아들을 낳고, 그 아들이 철이 들기 전에 저 두 나라(시리아와 북이스라엘)는 망하게 될 것이니 두려워하지 말라고 말한다. 계속해서 이사야 예언자는 유다가 하느님을 신뢰한다면 평화를 누리게 될 것이며, 지금은 맹위를 떨치고 있는 저 아시리아도 결국은 멸망하게 될 것이라고 말한다. 그리고 하느님 외에는 아무것도 두려워하지 말라고 한다. "너희는 만군의 주님만을 거룩히 모셔라. 그분만이 너희가 두려워해야 할 분이시고 그분만이 너희가 무서워해야 할 분이시다."(8,13)

자, 이런 신탁을 듣고 아하즈 임금은 어떤 선택을 하였을까? 하느님만을 두려워하며 지금 그를 위협하는 저 두 임금도, 아시리아도 두려워하지 않게 되었을까?

안타깝게도 아하즈는 하느님의 말씀을 신뢰하는 대신에 다른 선택을 한다. 그는 성전과 왕궁 창고의 보물을 싸서 아시리아 임금에게 보내고 그의 도움을 요청한다. 우리나라 역사에서 신라가 당나라와 손을 잡고 삼국을 통일할 때의 상황과 아주 비슷한 일이 일어난 것이다. 만약 고구려가 삼국을 통일하였다면 우리나라의 판도가 달라지지 않았을까? 이때 아하즈가 다른 선택을 하였다면 이스라엘의 운명도 달라졌을 것이다. 사실 북이스라엘이 남쪽 유다보다 영토도 더 넓고 자원이 풍부한 더 강력한 국가였기 때문이다.

아하즈의 요청을 받은 아시리아 임금 티글랏 필에세르는 즉시 군대를 이끌고 와서 시리아를 멸망시키고 북이스라엘을 공격하여, 수도 사마리아 성읍만을 남긴 채 북쪽의 성읍들을 공략해 아시리아에 복속시켰고, 그곳의 주민들을 아시리아로 끌고 갔다. 아하즈의 이런 선택의 결과로 결국 유다는 아시리아의 종속국이 되고 말았다. 그는 아시리아의 문화와 종교를 적극적으로 수용하였고, 그 결과 온 나라가 종교혼합주의에 빠져들게 되었다.

아하즈는 국가의 위기 앞에서 이사야 예언자의 영적 안내를 받았음에도 하느님을 신뢰하지 못하였고, 그 결과 그릇된 선택을 하고 말았다. 그가 하느님을 신뢰하였다면 현재의 위기를 좀 더 큰 시각에서 조망하면서 하느님의 뜻에 맞는 선택을 할 수 있었을 것이다.

우리는 구약성경 안에서 자신의 자유를 올바르게 활용한 경우와 그렇지 못한 경우를 살펴보면서 신앙이 사랑과 선을 선택할 자유를 행사하는 데 어떻게 긍정적인 영향을 미치는지를 확인하였다.

우리 모두에게는 선택의 자유가 있다. 그러나 그 자유를 어떻게 행사하느냐에 따라 그 결과는 사뭇 달라질 수 있다. 삶은 늘 선택을 요구하지만 충동적이거나 무분별한 선택이 아니라 공동선에 참으로 도움이 되는 선택을 하기란 쉽지 않다. 자신에게도 다른 이에게도 유익한 선택을 내리기 위해서는 내적 자유와 힘이 필요하다.

내적으로 자유로운 사람

내적 자유를 이해하기 위해서는 먼저 우리가 살고 있는 삶의 현실을 제대로 직시할 필요가 있다. 사실 우리는 힘의 진공상태에서 사는 것이 아니라 다양한 힘의 지배를 받으며 산다. 무엇보다 우리는 물리적으로 중력의 지배를 받고 있으며, 그 외에도 우리를 지배하는 내외적 다양한 힘들이 있다. 내적으로는 우리의 다양한 욕구가 끊임없이 우리를 압박한다. 외적으로는 사회적 관습과 가치 기준, 체면 역시 우리의 행동을 제한한다. 조직 사회에 속해있다면 그 조직의 권위와 힘이 우리를 지배한다. 이런 힘들에 둘러싸여 있기 때문에 우리는 자유롭지 않다고 느끼고, 심하면 압박감을 느끼기도 한다.

우리를 지배하는 내외적 힘에 대한 이러한 통찰은 사실 새로운 것이 아니다. 기원후 1세기에 활동하였고 신약성경의 많은 서간을 저술한 사도 바오로 역시 이것을 알고 있었다. 그는 로마 신자들에게 보낸 서간에 이렇게 적었다. "나는 내가 하는 것을 이해하지 못합니다. 나는 내가 바라는 것을 하지 않고 오히려 내가 싫어하는 것을 합니다. 선을 바라면서도 하지 못하고, 악을 바라지 않으면서도 그것을 하고 맙니다."(로마 7,15.19) 사랑과 선을 선택하려는 그의 자유를 훼방하는 어떤 힘이 그의 내면에 자리 잡고 있다고 고백하는 것이다.

이것은 사도 바오로만 경험하는 것이 아니라, 우리를 둘러싸고 있는 조건이다. 그렇기에 우리가 던질 수 있는 올바른 질문은 어떻게 하면 이런 힘들을 없앨 것인가가 아니다. 이런 힘들을 없애려면 지구를 떠나야 할 것이다. 오히려 우리가 주목해야 할 것은 자신이 이런 힘들에 얼마나 사로잡혀 있는지를 아는 것이다. 자신이 사로잡혀 있음을 알아야만 그 힘 가운데에서 자유롭게 사는 법을 터득할 수 있기 때문이다.

우리의 욕구에 대해서도 마찬가지로 말할 수 있다. 욕구를 완전히 없애는 것은 불가능하다. 욕구가 없이는 생존이 불가능하기 때문이다. 그런데 그 욕구가 자신의 선택과 식별에 어떤 영향을 미치는지를 안다면 욕구와 어느 정도 거리를 둘 수 있게 된다. 이런 식으로 자신의 욕구에 지배되는 대신 모두에게 참으로 유익한 선택을 할 수 있다면 그 사람은 진정 내적으로 자유로운 사람이라 할 것이다.

예수 그리스도의 내적 자유

예수님은 이런 자유를 가장 잘 살아내신 분이라고 할 수 있다. 필자가 예수님에게서 가장 매력을 느끼는 점은 어느 것에도 얽매이지 않는 그분의 자유다. 예수님의 자유를 잘 드러내는 사건들 가운데 하나는 요한복음 8장에 나오는 간음한 여인에 대한 이야기이다.

이 복음에 묘사된 사건의 개요는 다음과 같다. 예수님께서 이른 아침 성전에 앉아 사람들을 가르치고 계셨다. 당시의 라삐들은 큰 나무 그늘 아래나 성전, 회당에서 가르침을 펼치곤 하였다. 스승이 앉으면 제자들은 스승의 발치에 앉아서 가르침을 들었다. 예수님께서 성전의 한곳에 앉아 가르치실 때, 아마도 사람들은 그분 주변에 앉아있었을 것이다.

그런데 바로 그때 사람들이 간음하다가 현장에서 붙잡힌 여인을 예수님 앞에 끌어다 세워놓고 그 여자를 어떻게 처리해야 하는지 묻는다. "스승님, 이 여자가 간음하다가 현장에서 붙잡혔습니다. 모세는 율법에서 이런 여자에게 돌을 던져 죽이라고 우리에게 명령하였습니다. 스승님 생각은 어떠하십니까?"(요한 8,4-5)

이 질문은 율법학자들과 바리사이들이 예수님을 걸려 넘어지게 하려고 놓은 덫이다. 율법에 따르면 간음을 한 남자와 여자는 돌에 맞아 죽게 되어있다. 하지만 지금 유다는 로마의 지배 아래 있기 때문에 그들에게 사형을 집행할 권리가 없었다. 로마의 법은 피정복민에게 사형권을 허락하지 않기 때문이다. 따라서 예수님이 그 여자를 율법에 따라 처형하라고 말한다면 율법에는 순종하는 것이지만 로마법을 어기는 것이 되고, 또 자비와 용서를 강조하신 그분의 가르침을 스스로 부정하는 것이 된다. 한편 그녀를 용서하라고 한다면 율법을 무시한 것이 될 것이다. 이런 경우 나라면 어떤 선택을 하겠는가?

예수님도 난감하셨는지 아무런 대답도 하지 않으신 채 고개를 숙이고 몸을 굽히시어 손가락으로 땅에 무엇인가 쓰기 시작하셨다. 예수님이 땅에 과연 무엇을 쓰셨는지는 알 길이 없지만, 예수님의 이런 행위의 의미가 무엇인지는 생각해 볼 수 있다. 예수님이 고개를 숙이시고 시선을 땅에 두신 이유는 간음하다가 현장에서 붙잡혀 와 당신 앞에 서있는 저 여인, 숱한 사람들의 시선에 노출되어 있는 벌거벗겨진 저 사람에게 또 하나의 단죄의 눈길을 보태지 않으려는 배려 때문이 아닐까? 설혹 예수님의 눈길이 단죄의 눈길이 아니라고 해도 사람들 앞에 공개적으로 자신의 죄과가 노출된 사람에게는 모든 눈길이 자신을 단죄하는 것으로 느껴지지 않겠는가? 예수님은 그런 시선 하나를 더 보태는 행위를 적극적으로 피하시기 위해 고개를 숙이셨을 것이다.

그 여인을 끌고 온 이들이 집요하게 물어대자 예수님은 몸을 일으키시어 그들에게 "너희 가운데 죄 없는 자가 먼저 저 여자에게 돌을 던져라!"(요한 8,7) 하고 말씀하신다. 그분은 율법이 규정하는 것도, 로마법이 규정하는 것도 아닌 제3의 안을 내놓으셨다. 그러고는 다시 몸을 굽히시어 땅에 무엇인가 쓰셨다. 예수님을 물고 늘어졌던 이들은 이 말씀을 듣고 나이 많은 자들부터 하나씩 떠나간다. 마침내 예수님만 남으시고 그 여자는 가운데에 그대로 서 있었다. 예수님께서 그 여인에게 물으신다. "여인아, 그자들이 어디 있느냐? 너를 단죄한 자가 아무도 없느냐?"(요한 8,10) 그 여인은 예수님을 '주님'이라고 부르며 아무도 없다고 말한다. 그러자 예수님은 그 여자에게 당신도 단죄하지 않을 것이니 다시는 죄짓지 말라고 하신다.

예수님은 간음한 여인의 사형을 요구하는 이들 앞에서 그 여인의 인권을 보호하면서도 그 여인에게 정의의 요구가 무엇인지를 분명하게 드러내신다. 누구도 두려워하지 않으며 마땅히 해야 할 바를 당당히 할 수 있는 예수님의 이런 자유는 어디에서 오는 것일까?

예수님의 자유는 참된 힘과 권위의 주인이 누구인지를 분명히 아는 데서 나온다고 할 수 있다. 참된 힘의 주인은 세상의 권력과 힘을 가진 이들이 아니라 하느님이시라는 사실을 분명하게 아셨던 예수님은, 세상이 아니라 하느님께 순종하려는 굳건한 의지를 지니셨기에 이런 자유를 가질 수 있으셨다. 예수님은 자신의 내적인 욕구를 따르지도 않았고, 외압에 흔들리지도 않으셨다. 그래서 당신의 내면의 원칙이 제시하는 바에 따른 선택을 하실 수 있었다.

고속도로를 달릴 때 제시간에 목적지에 이르려면 올바른 출구를 찾아서 나가야 한다. 잘못된 출구로 진입하면 다음 나들목(interchange, IC)까지 상당한 거리를 돌아가야 한다. 우리의 인생을 이런 도로에 비유한다면, 인생에도 다양한 출구들이 있다. 어떤 출구를 선택하였느냐에 따라 삶의 질은 크게 달라질 수 있다. 자유라는 목적지를 향해 달려가는 도로에는 두 가지 출구가 있다. 개인적 욕구와 사회적 외압이라는 출구로 진입할 것인가, 아니면 하느님의 뜻이라는 출구로 진입할 것인가? 어떤 출구가 우리를 진정한 자유와 행복에 이르게 해줄까?

하느님의 뜻은 언제나 우리를 참된 자유와 행복으로 이끌고, 그 길로 초대한다. 그래서 예수님은 "진리가 너희를 자유롭게 할 것"(요한 8,32)이라고 말씀하셨다.

우리 모두 예수님처럼 그리고 탈출기의 히브리 산파들처럼 하느님을 경외하는 마음으로, 하느님이 아닌 것을 두려워하는 마음에서 해방되어, 올바른 선택을 할 수 있는 자유를 누리게 되기를 바란다.

셋째 이야기

선택과 결정

셋째 이야기의 주제는 앞서 살펴본 첫째와 둘째 이야기의 주제와 밀접한 연관성이 있다. 올바른 선택과 결정을 내리는 데 있어 자신의 이름(소명)에 대한 이해와 참다운 자유는 매우 중요한 역할을 하기 때문이다. 선택과 결정의 문제는 누구에게나 중요한 문제다.

우리는 인생의 길에서 숱한 갈림길을 만난다. 이 길로 가야 할까? 저 길로 가야 할까? 어떤 길이 내게 좋은 길일까?

어떤 길을 선택하느냐에 따라 그 이후의 삶은 사뭇 달라진다. 로버트 프로스트Robert Frost가 그의 유명한 시 〈가지 않은 길〉*The Road Not Taken*에서 읊조리듯이 우리는 동시에 두 개의 길을 선택할 수 없다. 어느 것을 취하면 다른 것은 포기할 수밖에 없는 것이 인간의 한계이기 때문이다.

매일의 사소한 선택에서부터 인생의 행로가 달라지는 중요한 선택에 이르기까지 우리 인생에는 다양한 선택의 순간들이 있다. 신발 한 켤레를 사는 데도 디자인과 가격, 내구성 등을 따져가며 선택하는 데 시간을 들인다. 그래도 이런 선택은 그나마 쉬운 선택이다. 그러나 대선 때 누구에게 투표할 것인지, 당혹스러운 상대의 반응에 어떻게 대응할 것인지, 치료를 계속 받을 것인지 그만둘 것인지, 결혼을 할 것인지 독신으로 살 것인지 등의 선택은 그 결과가 다른 사람들에게도 영향을 미치기 때문에 신중을 요구한다.

선택과 결정은 우리 삶의 일상에 속한 것이긴 하지만 어떻게 좋은 선택과 결정을 할 것인가 하는 물음은 결코 가볍게 다룰 수 있는 문제가 아니다. 대학생들과 사회 초년생들이 가장 많이 던지는 질문 역시 이것이라고 한다. 과연 무엇이 좋은 선택일까? 예를 들어, 어떤 직원이 사장으로부터 이런 제안을 받았다고 하자. "다른 지방에 있는 지사로 전근하면 지금 받는 연봉의 1.5배를 받을 수 있다. 단, 연장 근무가 잦을 것이다. 전근을 받아들이겠는가?" 그가 이 제안을 받아들인다면, 당연히 가족과 함께 보낼 수 있는 시간은 줄어들 것이다. 그럼 이 사람은 고민을 하게 될 것이다. 가족과 함께 보내는 시간을 중요하게 여길 것인가? 아니면 더 많은 수입을 선택할 것인가? 시간과 돈 사이에서 어떤 선택을 할 것인가? 모든 선택과 결정의 바탕에는 저마다의 가치 기준이 있다. 여러분은 무엇을 기준으로 선택을 하겠는가?

사람들은 어떤 일을 결정하고 선택하기에 앞서 이런 질문을 던질 것이다. 무엇이 나에게 더 좋을까? 무엇이 나에게 더 유리할까? 무엇이 더 큰 수익을 얻게 할까? 무엇이 나를 더 영예롭게 할까? 무엇이 나를 더 행복하게 할까…?

이러한 질문은 그 사람이 가진 가치의 우선순위를 드러내는 것으로, 각자는 이 기준에 좀 더 부합되는 어떤 것을 선택하려 할 것이다. 그런데 어떤 사람이 가진 선택의 기준에 문제가 있다면 그는 계속해서 잘못된 선택을 하게 될 수 있다. 그래서 좋은 선택과 결정을 말하기에 앞서 우리가 가진 가치의 기준에 대해 먼저 살펴보고자 한다.

선택과 결정을 위한 가치의 기준

대다수 사람들에게 선택의 기준은 자신을 더 행복하게 하는 것이다. 그런데 모두가 이 행복을 동일하게 이해하고 있는 것은 아니다. 만약 누군가가 여러분에게 다음 문장의 빈칸을 채워 넣을 단어들을 생각해 보라고 말한다면, 여러분은 어떤 단어들을 제시하겠는가?

> '내가 행복하기 위해서는 적어도 ________ 이 있어야 한다.'

사람들은 행복하기 위해서 이런 요소들이 있어야 한다고 대답한다. 돈, 여유 있는 시간, 뜻이 맞는 친구들, 삶의 의미, 건강 등. 특히 우리나라에서는 행복하려면 돈이 있어야 한다고 대답하는 사람들의 비중이 상당히 높다. 돈이 행복의 주된 요소라고 생각하는 사람은 다른 무엇보다 돈을 많이 주는 것, 돈을 많이 벌 수 있는 기회를 선택할 확률이 크다. 그런데 주변을 가만히 둘러보면, 행복의 요소를 찾고 구하는 데 온통 힘을 쏟느라 정작 행복을 누릴 수 있는 시간을 놓치고 마는 이들이 있다. 평생 돈을 버느라 수고하지만, 그 돈으로 얻고자 했던 행복을 누리지 못한다면 그간의 수고가 무슨 소용이 있겠는가?

세상에는 다양한 사람들이 있기에 사람마다 중요하게 여기는 것은 조금씩 다르다. 같은 사람이라 하더라도 인생의 시기마다 가치 기준은 달라질 수 있다. 그래서 누구에게나, 언제나 적용할 수 있는 하나의 가치 기준을 마련하는 것은 불가능하다. 이런 점에서 자신의 이름(소명)을 아는 것은 올바른 선택과 결정을 내리는 데 있어서도 중요하다. 왜냐하면 한 사람의 이름은 그 사람이 설정하는 가치 기준과 깊은 연관이 있기 때문이다. 참자아와 일치하는 선택과 결정은 그것이 사소한 것이든 큰 것이든 우리를 행복하게 하고 살아있게 한다.

내적 자유와 선택

선택(choice)이란 여러 가지 가능성 가운데 하나를 취하는 것을 말한다. 선택에는 나쁜 선택이 있고 좋은 선택이 있다. 예를 들면, 화가 났을 때 우리가 취할 수 있는 다양한 행동 가운데 좋은 선택은 '화'라고 하는 감정 에너지를 사람을 향해 쏟는 것이 아니라 다른 방향으로 돌리는 것이다. 물 마시기, 공움켜잡기, 꽃향기 맡기, 바람개비 불기, 걷기, 노래하기 등이 좋은 선택이다. 화가 났을 때 할 수 있는 나쁜 선택은 '화'라는 에너지를 사람을 향해 쏟는 것이다. 소리 지르기, 물건 던지기, 때리기, 발로 차기, 발 구르기 등과 같은 행동이다. 선택이란 이처럼 다양한 선택지들 가운데 하나를 고르는 것이다. 어떤 상황에서든지 우리는 우리의 행동을 선택할 수 있다. 화가 났을 때 상대방에게 소리를 지르는 선택밖에 할 수 없다면, 곧 좋은 선택을 할 수 없다면, 아직 충분히 자유롭다고 할 수 없다.

우리 안에 내적 자유가 커지면 커질수록 바람직한 행동을 선택할 확률은 높아진다. 화가 날만한 상황을 만난다 하더라도 품위를 손상시키지 않고 그 화를 표현할 좋은 선택을 할 수 있게 된다. 어떤 사람이 나의 새 옷에 커피를 쏟았다면, 그것도 평소에 별로 좋은 관계가 아닌 사람이 그렇게 하였다면 더욱 화가 날 것이다. 그럴 때 충분한 내적 자유를 가졌다면 자신에게 가장 유익한 선택을 할 수 있다. 우선은 화를 가라앉히는 데 도움이 되는 행동을 할 것이다. 화가 났다는 사실을 인정하고, 왜 이렇게 화가 나는지 원인을 찾아보려 하거나, 신뢰할 만한 누군가에게 이 일에 대해 이야기할 수도 있고, 호흡 훈련과 근육 이완으로 화를 진정시킬 수도 있다. 걷거나 운동을 하여 화를 가라앉힐 수도 있다. 화가 폭발할 것 같으면 그 상황을 즉시 벗어나는 것도 도움이 된다.

그리고 이 상황을 새로운 시각으로 바라보는 것도 좋다. '새 옷을 버린 일은 당혹스럽고 화가 날 일이야. 하지만 화를 내는 대신 오히려 관대함을 보여준다면, 그 사람은 나에 대한 선입견을 수정하고 좋은 관계를 맺게 되지 않을까?' 이런 것이 동일한 상황에 대한 새로운 시각이라 할 수 있다. 우리가 내적 자유의 상태에 있을 때는 좀 더 쉽게 상황을 새로운 시각으로 바라볼 수 있다.

좋은 결정을 하기 위하여

선택이 여러 가능성 가운데 하나를 취하는 것이라면, 결정(decision making)은 어떤 사안에 대해 시간과 힘을 들여서 심사숙고하여 결단을 내리는 것을 말한다.

좋은 결정을 하기 위해서는 다음과 같은 과정을 거치는 것이 좋다.

첫째, 결정해야 할 문제가 무엇인지를 분명히 한다. 사안이 복잡하여 문제가 무엇인지 분명히 드러나지 않으면, 그 사안을 좀 더 분석하여 결정해야 할 문제가 정확히 무엇인지 드러나게 해야 한다.

둘째, 결정을 내리기 위해 정보를 수집한다. 정보가 불충분하면 좋은 결정을 내리기 어렵다. 그리고 정보를 수집하는 과정에서 비슷한 경험을 가진 이들의 경험담과 조언을 얻는 것도 중요하다.

셋째, 앞 단계에서 수집한 정보를 바탕으로 몇 가지의 선택지를 만들어 본다. 선택지가 너무 많으면 오히려 선택이 어려우므로, 만약 선택지가 네 개 이상이라면 선택지 수를 줄인다. 이렇게 선별된 선택지들의 실현 가능성과 장단점을 따져본다.

넷째, 이 선택지들 가운데 하나를 선택하고 그것을 실행에 옮긴다.

다섯째, 자신이 내린 결정에 대해 평가한다. 곧 자신이 내린 결정에 대해 다음과 같은 질문을 던져 본다.

- ✓ 결정의 결과는 만족스러운가, 그렇지 않은가?
- ✓ 결과가 좋았다면 그 원인은 무엇이라고 생각하는가?
- ✓ 결과가 좋지 않았다면 그 원인은 무엇이라고 생각하는가?
- ✓ 결정의 과정에서 잘된 것은 무엇이고, 부족한 것은 무엇인가?
- ✓ 다시 결정한다면 어떻게 할 것인가?

중요한 결정마다 이런 평가 과정을 거치게 된다면, 더 나은 결정을 내리는 데 필요한 지혜가 쌓이게 될 것이다.

지금까지 좋은 결정을 하기 위한 다섯 가지 단계를 말씀드렸다면, 이어서 좋은 결정을 내리는 데 필요한 다섯 가지 자세에 대해 언급하겠다.

좋은 결정을 내리기 위해서는 다음과 같은 자세가 필요하다.

첫째, 어떤 문제든 즉석에서 결정하지 말아야 한다. 결정을 내리는 데 필요한 정보를 수집하고 숙고할 시간을 가져야 한다. 그렇다고 무한정 생각만 하고 있어서는 안 되므로, 결정을 내려야 하는 마감 시간을 정해 둔다. 너무 늦게 결정을 내리면 기회를 놓칠 수 있다.

둘째, 일단 결정을 내린 후에는 번복하지 않는다. 설사 본인이 내린 결정이 불완전해 보인다 하더라도, 이미 내린 그 결정이 좋은 결과를 가져오도록 노력하면 된다.

셋째, 할 수 있는 한 자신의 깊은 갈망에 뿌리를 둔 결정을 내리도록 한다. 이 갈망은 자신의 이름과 연결되어 있다.

넷째, 자신이 결정한 것에 대해서는 책임을 진다.

다섯째, 결정한다는 것은 그것에 따라올 위험을

감수한다는 것을 의미한다.[1] 어떤 위협도 직면하지 않으려 한다면 아무 결정도 내릴 수 없다. 사람은 자기가 한 일보다는 하지 않은 일에 더 후회를 한다고 한다. 아무것도 하지 않는 것보다는 무엇인가를 하는 게 더 낫다. 그러므로 위험 부담이 있더라도 도전해 볼 필요가 있다.

올바른 결정의 걸림돌이 되는 장애물

앞에서 우리는 좋은 결정을 내리는 다섯 가지 단계와 좋은 결정을 하는 데 필요한 다섯 가지 자세에 대해 살펴보았다. 그렇다면 올바른 선택과 결정을 내리지 못하게 하는 장애물 또한 알아볼 필요가 있다. 어쩌면 우리는 이 장애물을 완벽히 제거할 수는 없을 것이다. 우리에게 필요한 것은 이 장애물이 우리의 선택과 결정에 어떤 영향을 미치는지를 알고, 그 영향을 줄이기 위해 노력하는 것이다. 결정을 내리는 데 걸림돌이 될 수 있는 다섯 가지 장애물은 다음과 같다.

첫째, 정보와 관련된 것이다. 정보가 너무 많아도 결정을 내리기 어렵고, 정보가 부정확하거나 불충분할 때도 올바른 결정을 내리기 어렵다.

둘째, 시간과 관련된 것이다. 충분히 검토할 시간이 없어서 급히 결정을 내려야 한다면 좋은 결정을 내리기 어렵다.

셋째, 결정을 내려야 하는 이들의 상황과 관련된 것이다. 만약 결정을 내려야 하는 사람이 지나친 긴장과 스트레스 상황에 놓여있다면 좋은 결정을 하기가 어렵다. 결정을 내려야 할 사람들 사이에 해결되지 않거나 직면하지 않은 갈등이 존재하는 경우에도 올바른 결정을 내리기 어렵다.

넷째, 우리가 가진 사고의 한계이다. 인간의 인지 기능은 종종 오류를 일으킨다. 혹시 인간의 뇌가

게으르다는 것을 아는가? 이는 아주 쉽게 확인할 수 있다. 우리가 새로운 곳에 간다면, 뇌는 새로운 곳에 적응하기 위하여 열심히 방향설정(orientation)을 한다. 그런데 일단 자신이 그곳에 가장 편하게 적응할 수 있는 위치를 선정하고 나면, 뇌는 이 작업을 다시 하고 싶어 하지 않는다. 성당이나 강의실에서 매번 같은 자리에 앉기를 선호하는 것도 바로 이 때문이다. 뇌에 끊임없이 자극을 주지 않으면 뇌는 익숙한 방식으로 사고하는 경향을 띤다. 허버트 사이먼Herbert Simon은 이것을 '제한된 합리성(bounded rationality)'이라 부른다. 인지왜곡이나 편견은 제한된 합리성의 결과다. 만약 뇌의 사고 경향이 지나치게 고정되면 뇌는 마치 자물쇠가 채워진 듯이 변화가 불가능해지는 상태(brain lock)에 이르게 된다. 이것이 강박장애다. 올바른 결정을 내리는 데 장애가 될 수 있는 인지왜곡의 종류는 여러 가지가 있다. 확증 편향, 틀짜기 효과, 사후 확증 편향, 기준

점 편향, 후광 효과, 과잉확신에 의한 편향 등이 그 예다.[2]

다섯째, 삶의 태도와 관련된 것이다. 위험을 감당할 능력이 없는 사람은 어떤 결정도 내릴 수 없다. 변화를 두려워하거나 불확실성을 견딜 수 있는 힘이 부족한 경우에도 결정을 내리는 데 주저하게 된다. 충동적 성향을 가지고 있거나 객관적 인식능력이 부족한 경우에도 좋은 결정을 내리기 어렵다.

그러나 이런 성향을 가지고 있다 하더라도 기꺼이 도움을 청할 줄만 안다면 얼마든지 좋은 선택과 결정에 이를 수 있을 것이다.

신앙인의 선택과 결정은

이제 신앙이 결정 과정에 어떤 영향을 미치고, 어떤 도움을 주는지에 대해 살펴보고자 한다.

신앙인의 선택 기준은 신앙이 없는 사람과 어떻게 다를까? 어떤 요소가 바탕이 되어야 할까? 로마서 12장에서 바오로 사도는 이에 대해 분명하게 알려준다.

> "여러분은 현세에 동화되지 말고 정신을 새롭게 하여 여러분 자신이 변화되게 하십시오. 그리하여 **무엇이 하느님의 뜻인지, 무엇이 선하고 무엇이 하느님 마음에 들며** 무엇이 완전한 것인지 분별할 수 있게 하십시오."(로마 12,2)

이 말씀에 따르면, 신앙인이 결정을 내릴 때 첫 번째 기준으로 삼아야 할 것은 무엇이 하느님의 뜻인가, 무엇이 선한 일인가, 무엇이 하느님의 마음에 드는 일인가를 묻고 찾는 것이다. 신앙인도 신앙이 없는 사람들과 마찬가지로 자신의 다양한 욕구와 사회적 관습, 가치 기준, 체면, 외압 등의 영향을 받는다. 그런데 신앙인에게는 결정을 내릴 때 여기에 중요한 요소가 추가된다. 바로 '하느님의 뜻'이라는 기준이 결정 과정에 우선적으로 포함되는 것이다.

신앙인은 하느님께서 나의 행복을 위해 무엇이 필요한지 가장 잘 알고 계심을 믿는다. 하느님의 뜻이 나를 위한 최선이자 행복이라고 믿기 때문에 신앙인은 결정에 앞서 먼저 하느님의 뜻을 묻는 것이다. 사실 우리는 자신이 누구인지를 제대로 알지 못할 뿐만 아니라 자신의 행복을 위한 최선의 길이 무엇인지도 알지 못한다. 신앙인은 이것을 인정하는 사람이기에, 나보다 더 나를 잘 알고 계시고 나보다 더 나를 사랑하고 계신 하느님께 눈을 들어 올리고, 그분께 여쭙는 것이다. '주님, 무엇이 최선일까요? 무엇이 당신 보시기에 좋은 일인가요?'

이렇게 결정 과정에서 하느님의 뜻을 묻게 되면 어떤 효과가 나타날까? 우선 자신의 욕구나 고집으로부터 거리를 둘 수 있게 된다. 그러면 좀 더 객관적으로 사안을 볼 수 있다. 또한 하느님의 뜻을 물음으로써 자신의 가장 깊은 원의가 무엇인지 더 잘 볼 수 있게 된다. 그리고 지혜이신 성령의 인도를 받아, 한 번도 생각해 보지 못한 제3의 대안을 더 쉽게 발견할 수 있다. 그뿐만 아니라 선택의 결과를 감당할 수 있는 힘이 커지고, 자신이 한 선택에 대해 확신과 평화를 느끼게 된다.

성경 인물들의 예

이제부터는 성경 인물들의 이야기를 통해 구체적으로 신앙이 결정 과정에 어떤 영향을 미치는지를 살펴보고자 한다. 하느님의 뜻을 묻고 찾음으로써 좋은 결정을 내렸던 예들과 우리가 반면교사로 삼을 수 있는 좋지 않은 예를 언급하고, 마지막으로 예수님의 결정에 대해 살펴보겠다.

하가르 이야기(창세 16장)

성경에서 사라의 몸종 하가르와 관련된 이야기는 창세기 16장과 21장에서 찾아볼 수 있다. 우리는 창세기 16장의 본문에 주목할 것이다. 이 본문의 시간적 배경은 아브람이 하느님의 부르심을 받고 길을 떠난 지 10년이 흘렀으나 아직 후손에 대한 약속이 성취되지 않은 때이다.(그의 이름이 아브람에서 아브라함으로 바뀌는 일은 창세기 17장에서 일어난다.) 공간적 배경은 헤브론에 있는 마므레의 참나무들 곁에 있는 아브람의 천막이다. 등장인물은 이제 85세가 된 아브람, 75세인 사라이, 그리고 사라이의 이집트인 여종 하가르다.

이 이야기의 특이한 점은 히브리인 주인과 이집트인 여종이 등장한다는 점이다. 탈출기에서 신명기에 이르는 이스라엘의 장대한 서사는 이집트 땅에서 노예살이하던 이스라엘 백성의 탈출 과정을 이야기한다. 그런데 창세기 16장의 이 이야기는 이

장대한 서사와 대조를 이룬다. 왜 성경 저자는 이집트인 여종을 주인공으로 등장시키는 걸까? 이 질문에 대한 답은 뒤에서 제시될 것이다.

이야기로 돌아가, 사라이는 후손을 주시겠다는 하느님의 약속이 10년이 되어도 성취되지 않자 인간적 수단을 통해 아브람의 후손을 얻고자 한다. 그래서 자신의 여종인 하가르를 남편에게 아내로 주어 아이를 갖게 한다. 그런데 하가르는 임신을 하게 되자 주인인 사라이를 업신여긴다. 이것을 보면 하가르는 주님의 방문을 받을 만큼 거룩하고 완전한 사람은 아닌 듯하다. 그는 이스라엘 백성이 아닌 이집트인 여종인 데다가 도덕적으로도 완벽한 사람이 아니다. 하가르가 자신을 업신여기자 몹시 불쾌해진 사라이는 아브람에게 이렇게 말한다. "내가 이렇게 부당한 일을 겪는 것은 당신 책임이에요. 내가 내 여종을 당신 품 안에 안겨주었는데, 이 여종은 자기가 임신한 것을 알고서 나를 업신여긴답니다.

아, 주님께서 나와 당신 사이의 시비를 가려주셨으면!"(창세 16,5) 그러자 아브람은 아내 사라이에게 이렇게 말한다. "여보, 당신의 여종이니 당신 손에 달려있지 않소? 당신 좋을 대로 하구려."(16,6) 사라이는 하가르를 구박한다. '구박하다'로 번역된 히브리어는 '아나ענה' 동사의 피엘형(동사의 의미를 강조, 강화하는 형태)인데, '몹시 구박하다,' '강간하다,' '못살게 굴다,' '억압하다,' '모욕하다' 등의 의미를 갖는다. 사라이가 하가르를 얼마나 모질게 대하였는지를 알려주는 단어다.

하가르는 너무 괴로운 나머지 임신한 몸으로 광야 길로 들어선다. 사라이의 집에서 지내는 일이 죽기보다 힘들었기에 목숨을 건 여행을 떠난 것이다. 고대 사회에는 임신한 여인을 위험에서 지켜줄 경찰도 군대도 없었다. 힘 있는 이들이 약한 자들을 착취하여도 도움을 청할 곳이 없는 상황이므로 여성이 홀로 길을 떠난다는 것은 납치와 강간, 인신매

매의 위험에 완전히 노출되는 것과 같았다. 그럼에도 불구하고 하가르가 길을 떠났다는 것은 그의 괴로움이 얼마나 컸는지를 알려준다.

그런데 광야 길을 가고 있는 하가르에게 주님의 천사가 찾아와 묻는다. "사라이의 여종 하가르야, 어디에서 와서 어디로 가는 길이냐?"(16,8) 사실 천사의 이 질문은 단순히 어디로 가는지를 묻는 질문이 아니다. 그의 삶의 목적, 그가 정말로 원하는 것이 무엇인지를 묻는 질문이었다. 우리는 이와 비슷한 구절을 요한복음 8장 14절에서도 발견할 수 있다. 예수님은 바리사이들에게, 당신은 어디에서 왔고 어디로 가는지 알고 계시지만 그들은 예수님이 어디에서 왔고 어디로 가는지 모른다고 말씀하신다.

천사의 질문은 하가르에게 그가 궁극적으로 지향하는 것이 무엇인지를 생각하게 만들었다. 이 질문으로 하가르는 자신의 목적이 잉태한 아기의 생명을 지키는 것임을 인식하게 되었다. 천사는 아기를 살릴 수 있는 길은 여주인에게 돌아가 복종하는 것이라고 말한다. 하가르에게는 도망쳐 온 곳으로 되돌아가는 것보다 더 어려운 선택은 없었을 것이다. 그러나 천사는 하가르가 되돌아간다면 아기를 살릴 수 있을 뿐만 아니라 그 아기에게 넘치도록 큰 축복이 주어지리라고 약속한다. 하가르는 이렇게 자신을 돌려세우신 하느님을 '저를 돌보시는 하느님(엘 로이)'이라고 부른다. 그는 자신을 돌보시는 하느님을 믿고 사라이에게 돌아갔고, 무사히 아기를 낳는다. 이 아기가 이스마엘이다. 이스마엘은 천사가 약속한 대로 훗날 열두 부족의 조상이 된다.(창세 25,12-18 참조)

하가르가 자기를 억압하는 여주인에게 되돌아간다는 결단을 내릴 수 있었던 것은 자신을 돌보시는 하느님을 만났고, 그분의 계획을 알게 되었기 때문이다. 그 결과 난관과 수모가 뒤따를지언정 아기를 살리는 선택을 할 수 있었다. 이 선택은 하가르의 본성을 거스르는 것처럼 보였지만 궁극적으로 좋은 결과를 가져왔다. 이 이야기는 하느님의 뜻을 따르는 일이 결코 쉽지 않다는 것을 잘 보여준다. 그러나 하느님을 신뢰하고 그분의 뜻에 순종할 때 그 순종은 언제나 좋은 결과를 가져온다.

한편, 이집트인 여종을 주인공으로 내세운 이 특이한 이야기가 달리 전하고자 하는 메시지가 무엇인지 짚어보자. 앞에서 언급했듯이 하가르는 주님의 방문을 받기에 합당한 인물이 아니었다. 게다가 이스라엘 백성이 싫어하는 이집트인이다. 그러나 가엾은 이의 울부짖음을 외면하지 못하시는 하느님께서는 그를 찾아오신다. 이 이야기는 이스라엘 백성에게 하느님이 어떤 분이신지를 분명하게 말해준다. 하느님에게 선택받은 백성이라는 선민의식에 사로잡힌 이들은 하느님 사랑의 대상을 그들 마음대로 경계 지으려 했다. 그러나 창세기 16장의 하가르

이야기는 이집트인 여종을 주인공으로 내세움으로써 하느님의 사랑이 모든 이에게 미치고 있음을 선언한다. 그가 비록 이집트인이라 하더라도 고통 속에 울부짖고 있다면 하느님은 언제든 그를 찾아 나서실 것이다.

갈대 바다 앞에서의 모세(탈출 14장)

신앙에 바탕을 둔 좋은 결정의 두 번째 예는 모세와 관련된다. 탈출기 14장은 이집트를 떠난 이스라엘이 첫 번째 맞이한 위기 상황에 대해 전한다. 우리는 이 위기 상황에서 모세가 어떤 결정을 내리는지 주의 깊게 관찰할 것이다.

열 번째 재앙이 발생하자 이집트의 모든 맏아들과 맏배가 죽었다.(탈출 12,29-30) 그러자 파라오는 그날 밤 모세와 아론을 불러 이집트 땅을 떠나 주님께 예배드리러 가라고 말한다. 모세가 요청한 대로 그들의 모든 가축들도 데리고 떠나라고 명한다.

그래서 이스라엘 백성은 모세와 함께 빵 반죽이 부풀기도 전에 서둘러 그 땅을 떠났다. 그들은 가나안 땅에 이르는 지름길을 택하지 않고 하느님의 인도에 따라 갈대 바다에 이르는 광야 길로 돌아서 갔으며, 하느님의 명령에 따라 믹돌과 바알 츠폰 앞 바다 사이에 있는 피 하히롯 앞에 진을 쳤다.

이스라엘 백성이 이집트 땅을 떠났다는 소식을 들은 파라오는 마음이 바뀌어 그들을 내보낸 것을 후회하며 병거와 기병, 보병을 이끌고 그들을 추격하기 시작한다. 그리하여 이스라엘 백성은 난데없이 진퇴양난의 위기에 맞닥뜨리게 된다. 앞으로는 갈대 바다가 펼쳐져 있고, 뒤로는 파라오의 군사들이 쫓아오고 있으니, 이러지도 저러지도 못하는 상황에 처한 것이다.

이 위기 앞에서 이스라엘 백성은 모세에게 불평한다. 사실 그들은 시련과 위기가 닥칠 때마다 불평하였고, 때로는 불평에 그치지 않고 반역에 이르기까지 했다. 그들은 열 가지 재앙을 통해 하느님께서 보여주셨던 권능과 구원 의지를 벌써 잊은 듯하다. 구원의 체험에 비추어 현재의 위기를 해석할 수 있는 능력을 아직은 갖추지 못한 것 같다. 그들은 모세에게 이렇게 말한다. "이집트에는 묏자리가 없어 광야에서 죽으라고 우리를 데려왔소? 어쩌자고 우리를 이집트에서 이끌어 내어 이렇게 만드는 것이오? '우리한테는 이집트인들을 섬기는 것이 광야에서 죽는 것보다 나으니, 이집트인들을 섬기게 우리를 그냥 놔두시오' 하면서 우리가 이미 이집트에서 당신에게 말하지 않았소?"(탈출 14,11-12)

이런 상황에서 백성의 지도자인 모세는 무엇을 할 수 있을까? 그에게 이 난관을 헤쳐나갈 초능력이 있는 것도 아니다. 불가항력의 상황 앞에 서있는 것은 그도 마찬가지다. 그러나 그가 일반 백성과 달랐던 점은 하느님을 더 깊이 신뢰하였다는 것이다.

그는 하느님께서 무슨 일을 하실지 결코 미리 알지 못하였지만 하느님께서 지금까지 보여주신 권능과 강력한 구원 의지를 신뢰하였다. 그분은 분명히 그들을 이 자리에서 죽게 버려두지 않으실 것임을 굳게 믿었다. 그렇기 때문에 그는 백성에게 이렇게 말할 수 있었다.

> "**두려워하지들 마라. 똑바로 서서 오늘 주님께서 너희를 위하여 이루실 구원을 보아라.** 오늘 너희가 보는 이집트인들을 다시는 영원히 보지 않게 될 것이다. 주님께서 너희를 위하여 싸워주실 터이니, 너희는 잠자코 있기만 하여라."(탈출 14,13-14)

오직 하느님을 신뢰하는 이들만이 위기에 동요되지 않고 신앙이 요구하는 선택을 할 수 있다. 하느님께서는 모세의 신뢰에 응답하시어 이 위기를 헤쳐나갈 길을 알려주신다. 이렇게 하여 그 유명한 갈대 바다의 기적이 일어나고, 백성들은 갈라진 바다 사이의 마른 땅을 밟고 광야로 무사히 건너간다.

모세는 한 치 앞을 내다볼 수 없는 시련 앞에서 지금까지 이스라엘을 이끌어 오신 하느님을 신뢰하였다. 그는 무엇을 해야 할지 전혀 모르지만 하느님께는 이 위기를 헤쳐나갈 대안이 있음을 믿었다. 그래서 그는 백성들에게 하느님께서 무슨 일을 하실지 잠자코 지켜보라고 말할 수 있었다.

우리는 하가르와 모세의 예를 통하여 신앙이 바른 결정에 미치는 긍정적 영향에 대해 살펴보았다. 그들은 하느님께 대한 신앙 안에서 올바른 가치의 위계질서를 정립하였고, 그 가치 기준에 따라 선택과 결정을 하였다. 그들은 하느님을 경외하고 그분께 의지함으로써 위기 가운데서도 올바른 선택을 할 수 있었다.

그러나 성경의 모든 인물들이 이런 선택을 할 수 있었던 것은 아니다. 우리가 반면교사로 삼아야 할 예들 또한 찾아볼 수 있다.

반면교사 아론의 선택(탈출 32장)

아론은 구약성경의 유명한 사건들 가운데 하나인 금송아지 사건과 연루되어 있다. 이 사건이 발생한 곳은 시나이산 아래다. 모세는 이스라엘 백성이 하느님과 맺은 계약의 표지인 증언판을 받으러 시나이산으로 올라갔고, 백성들은 시나이산 아래 진을 치고 그를 기다리고 있었다. 우리는 모세가 시나이산에 사십 일을 머물렀다는 것을 알지만, 산자락 아래에서 그를 기다리는 백성들 입장에서는 그의 부재를 견디기가 힘들었다. 그들은 모세가 부재한 기간 동안 모세 대신 백성들을 이끌고 있는 모세의 형 아론을 찾아가 이렇게 말한다. "일어나, 앞장서서 우리를 이끄실 신을 만들어 주십시오. 우리

를 이집트에서 데리고 올라온 저 모세라는 사람은 어떻게 되었는지 모르겠습니다."(탈출 32,1)

무엇이 문제일까? 왜 백성은 모세의 부재를 견디지 못하고 그들을 이끌 신을 만들어 달라고 요청하는 것일까? 백성의 요청에는 신 인식과 관련된 두 가지 오류가 포함되어 있다. 첫째, 그들은 지도자인 모세의 존재를 그들을 실제로 이끌고 계신 하느님과 혼동했다. 성경의 저자가 모세를 종종 하느님의 종으로 지칭하는 것과는 대조되는 인식이라 하겠다. 그렇기 때문에 그들에게는 모세의 부재가 하느님의 부재로 여겨졌고, 이것이 그들이 겪는 불안의 원인이었다. 둘째, 그들은 보이지 않는 하느님, 곧 그들 마음대로 통제할 수 없는 신의 현존 방식에 익숙하지 않다. 달리 말하자면 그들은 언제든 그들이 원하는 때에 그들 눈앞에 있어 줄 신을 원한다.

아론은 백성의 요구 앞에서 어떤 선택을 할 수 있을까? 백성들의 잘못된 신 인식을 지적하고, 그들이 올바른 인식에 이르도록 이끌 수도 있었을 것이다. 그런데 아론은 백성이 원하는 대로 그들의 요구를 들어준다. 그는 금 고리들을 가져오게 한 후 금을 녹여 수송아지 상을 만든다. 그러자 백성들은 그 금송아지 상을 보고 "이스라엘아, 이분이 너를 이집트 땅에서 데리고 올라오신 너의 신이시다"(32,4) 하고 외친다. 백성이 좋아하는 것을 본 아론은 그 신상 앞에 제단을 쌓고 그다음 날 주님을 위한 축제를 벌이자고 선포한다. 이때는 그들이 하느님과 계약을 맺고 아직 그 계약의 비준도 이루어지지 않은 때이다. 모세가 십계명이 새겨진 증언판을 들고 내려와야 계약서가 비준될 터였다. 그런데 아론과 백성의 행위는 정확히 십계명의 제1계명을 위반한 행위이며, 이 행위는 곧 계약의 파기를 선언하는 것과 다름없었다.

그러나 아무도 이 행위의 심각성을 인식하지 못한 채 그들은 이튿날 아침 수송아지 상 앞에 번제

물을 올리고 친교 제물을 바친 후 흥청거리며 축제를 벌였다. 이에 하느님께서는 모세를 재촉하여 산을 내려가게 하신다. 모세는 여호수아와 함께 산에서 내려오다 백성의 노랫소리를 듣고 그들이 춤추는 모습과 수송아지를 보자 하느님께서 주신 증언판을 내던져 깨버렸다. 이것은 백성들의 계약 위반으로 인해 계약이 무효가 되었음을 알리는 것이다. 그는 우상숭배에 가담한 자들을 처형하고 수송아지는 불에 태워 가루로 만들어 물에 뿌리고는 그 물을 백성들에게 마시게 한다. 이는 우상을 모독하는 한 방법이다.

이어서 모세는 아론을 문책하며 도대체 이 백성이 어떻게 하였기에 이렇게 큰 죄악을 끌어들였는지 묻는다. 그런데 아론의 대답은 매우 실망스럽다. 그는 이 백성이 악으로 기울어져 있기에 어쩔 수 없었다고 답한다. 그리고 백성들이 준 금붙이를 불에 던졌더니 수송아지가 나왔다고 말한다. 그는 자신의 행위에 책임을 지려 하지 않을 뿐만 아니라 백성들 때문에 어쩔 수 없이 이런 선택을 하였다는 핑계를 댄다.

아론은 왜 이런 잘못된 선택을 하였을까? 그는 백성을 하느님께로 이끄는 지도자인가 아니면 백성의 인기를 얻고자 하는 지도자인가? 어떤 지도자가 참된 지도자일까? 백성들이 그릇된 길을 가려고 해도 그들을 설득하여 하느님께로 이끄는 지도자가 참된 지도자다. 그렇게 되기 위해서는 그가 먼저 하느님의 뜻에 충실해야 한다. 인기와 영예를 얻고자 하는 이는 하느님의 뜻을 따르는 것을 우선적으로 선택하지 못한다. 그런 사람은 다른 이들을 하느님께로 인도하기 어렵다.

선종하신 프란치스코 교종께서는 2013년 부활 제3주일 강론에서 오늘날의 우상에 대해 이렇게 말씀하셨다. “야망과 출세지상주의, 자기중심주의, 다른 이들을 지배하려는 경향, 자신을 자기 삶의 주인이라고 믿는 착각, 우리를 사로잡고 있는 죄와 같은 것들이 하느님의 자리를 차지하고서, 우리의 삶에서 하느님보다 더 큰 힘을 발휘하고 있다면 우리는 우상을 숭배하고 있는 것입니다."

신을 만들어 달라는 백성의 요구 앞에서 아론은 하느님을 섬기는 올바른 자세를 가르쳐 준 것이 아니라 백성이 원하는 대로 수송아지를 주조하는 선택을 하였다. 이는 그가 하느님을 최우선에 둔 사람이 아님을 드러낸다. 하느님께 주인 자리를 드리지 않을 때 종종 우리의 선택은 그릇된 결과를 가져오고 만다.

반면교사 르하브암의 선택(1열왕 12,1-19)

르하브암의 선택과 결정은 또 다른 반면교사가 된다. 르하브암은 솔로몬 임금의 아들이다. 솔로몬이 죽고 난 후 르하브암을 임금으로 추대하는 예식이 이스라엘의 유서 깊은 성읍인 스켐에서 열렸다.

그때 온 이스라엘 회중이 예로보암을 앞세우고 르하브암에게 와서 이런 제안을 한다. "임금님의 아버지께서는 우리의 멍에를 힘겹게 하셨습니다. 이제 임금님의 아버지께서 지우신 힘겨운 일과 무거운 멍에를 가볍게 해주십시오. 그러면 우리가 임금님을 섬기겠습니다."(1열왕 12,4)

솔로몬은 성전과 궁궐, 요새 성읍들을 축조하였고, 이 때문에 백성들은 강제노역과 무거운 세금부담을 감수해야 했다. 그래서 새로운 임금이 등극하자 그들은 부역과 세금의 부담을 줄여줄 것을 요청한 것이다. 르하브암은 그들에게 사흘 후에 다시 오라고 말하고, 먼저 솔로몬 임금을 섬겼던 원로 자문단들에게 어떻게 하면 좋을지 묻는다. 백성들의 부담을 익히 알고 있던 원로들은 새 임금에게 백성들을 섬길 것을 제안한다. "오늘 임금님께서 저 백성의 종이 되어 그들을 섬기고자 하시면, 그들에게 좋은 말씀으로 대답해 주십시오. 저 백성이 언제나 임금님의 종이 될 것입니다."(1열왕 12,7) 임금이 백성을 섬기면, 백성은 언제나 임금을 섬기게 될 것이라고 조언한 것이다. 르하브암은 다시 자기와 함께 자라난 젊은이들의 의견을 묻는다. 그러자 그들은 지금 백성의 소원을 들어주면, 그들은 점점 더 많은 것을 요구할 것이므로 선왕보다 더 백성들을 강하게 지배할 것을 조언한다. 그는 젊은 자문단의 조언에 따라 백성들에게 선왕보다 더 많은 것을 요구할 것이라고 응답한다. 임금의 이 결정 때문에 이스라엘 열 지파는 르하브암에게서 돌아서서 예로보암을 임금으로 세웠고, 유다 지파만 르하브암 임금을 따랐다. 이렇게 하여 왕국은 북이스라엘과 남유다로 분열되기에 이른다.

르하브암의 선택과 결정에서 잘못된 것은 무엇일까? 그는 상황을 제대로 파악하지 못하였고, 결정을 내리는 데 필요한 정보의 수집도 불충분하였다.

그는 자신에게 주어진 리더십의 목표가 무엇인지 정확히 인식하지 못하였고, 힘의 논리에 사로잡혀 백성들의 소리를 제대로 경청하지 못하였다. 그가 하느님의 뜻이 무엇인지 여쭈었더라면 선택은 달라졌을 것이고, 결과는 지금과는 사뭇 다른 것이 되었을 것이다.

이 두 가지 좋지 않은 결정의 예들은 우리의 선택과 결정에 빛을 비추어 준다. 좋은 결정과 좋지 않은 결정을 가르는 것은 선택과 결정의 '기준'이 무엇인지에 달려있다. 올바른 선택을 하려면 자신의 내적 욕구나 충동을 조절할 수 있어야 하고, 가장 중요한 가치가 무엇인지를 분명히 인식하고 있어야 한다. 그리고 가치 질서에 따라 가장 중요한 것을 선택할 수 있는 힘을 키워가야 한다.

예수님의 모범

예수님의 선택과 식별은 올바른 결정을 내리길 원하는 우리에게 큰 가르침을 준다. 앞에서 언급했듯이 올바른 선택과 결정을 위해서는 무엇보다 자신의 참된 정체성이 무엇인지를 아는 것이 필요하다.

예수님은 자신을 누구라고 생각하셨을까? 예수님의 정체성을 규정하는 말씀은 그분이 세례 때 들으셨던 하느님의 말씀 "너는 내가 사랑하는 아들, 내 마음에 드는 아들"이다. 우리는 이 말씀을 공생활의 시작점인 세례 때(마태 3,17; 마르 1,11; 루카 3,22), 그리고 타볼산의 변모 사건 때(마태 17,5; 마르 9,7; 루카 9,35), 마지막으로 십자가에 매달리셨을 때 백인대장의 고백(마태 27,54; 마르 15,39)을 통해 듣게 된다.

예수님은 성령의 인도를 받아 광야에서 보낸 사십 일 동안 당신의 정체성을 더욱 깊게 이해하셨다. 마태오복음에 따르면, 유혹자는 예수님을 유혹할 때마다 '하느님의 아들' 됨의 의미를 세속적 수준에서 이해하도록 만들고자 한다.

첫 번째로 유혹자는 예수님을 이런 말로 유혹한다. "당신이 하느님의 아들이라면 이 돌들에게 빵이 되라고 해보시오."(마태 4,3)

예수님께서 머무시던 곳은 광야에 위치한 산으로 사방이 돌로 되어있다. 만약 예수님이 이 돌을 빵으로 만드실 수만 있다면 세상의 모든 가난을 구제하고도 남을 것이다. 유혹자는 하느님의 아들이란 이렇게 많은 빵을 만들어 세상의 모든 가난한 사람을 배불리 먹이는 사람이 되는 것이 아니겠느냐고 말하는 것 같다. 그러나 예수님은 인간을 궁극적으로 살리는 것은 빵만이 아니라 하느님의 입에서 나오는 말씀이라고 대답하신다.(신명 8,3 참조) 예수님의 대답을 다르게 표현한다면 하느님의 아들은 사람들이 먹고도 죽음에 이를 빵을 주는 것이 아니라 영원한 생명에 이를 수 있는 하느님의 말씀을 전하는 존재라는 것이다.

악마는 두 번째로 예수님을 예루살렘으로 데리고 가 성전 꼭대기에 세운 다음, 거기에서 뛰어내려 보라고 한다. 왜냐하면 하느님께서 천사들을 통해 그를 지켜주실 것이라고 성경에서 말하고 있기 때문이다.(시편 91,11-12 참조) 예수님께서 성경 말씀으로 대답하시자 악마 또한 성경 말씀으로 유혹한다. 악마의 유혹을 달리 표현하면, 하느님의 아들은 어떤 위험에 처하더라도 아무런 상해를 입지 않을 것이며, 대형 사고로 모두가 죽더라도 유일하게 살아남는 그런 존재여야 하지 않겠느냐는 것이다. 왜냐하면 하느님의 아들은 하느님의 특별한 보호를 받고 있는 존재이기 때문이다. 그러나 예수님께서는 하느님의 아들은 어떤 경우에도 하느님의 사랑을 의심하지 않고 신뢰하는 존재라고 대답하신다. 그가 위험에 처하든 안전하게 있든 어떤 상황에서든 하느님께서 그를 사랑하고 계심을 의심하지 않는 존재가 하느님의 아들이라고 하신 것이다.

세 번째로 악마는 세상의 모든 나라와 그 영광을 보여주면서 자기를 경배하면 저 모든 것을 갖게 될 것이라고 유혹한다. 악마는 하느님의 아들은 세상의 온갖 영광을 누리는 자여야 한다고 말하는 것이다. 그런데 이 셋째 유혹은 처음부터 사탄의 흔적을 드러내었는지, 예수님은 당장 "사탄아, 물러가라"(마태 4,10) 하고 말씀하신다. 동시에 하느님의 아들은 오직 하느님만을 경배하고 그분만을 섬기는 존재라고 말씀하신다. 이 말씀을 통해 예수님께서는 세상의 영광을 추구하는 일은 곧 자신을 추구하는 일이며 악마를 경배하는 것이기에 하느님의 영광을 추구하는 일과 양립할 수 없다는 것을 확고하게 알려주신다.

예수님은 광야 체험을 통해 하느님의 아들로서 어떻게 살아야 하는지를 분명하게 아셨고, 예수님의 공생활은 이 깨우침을 반영하는 것이었다. 하느님의 아들은 하느님의 말씀을 전하는 자이고, 하느님께 무한한 신뢰를 두며, 오직 하느님의 영광을 추구하는 자이다.

하느님의 아들로서 살고자 하는 예수님의 이 결정은 이후의 삶을 통해 일관되게 드러난다. 특히 수난에 대한 확고한 의지와 하느님의 뜻을 따르고자 하는 그분의 강한 원의에서 이것을 확인할 수 있다. 예수님은 첫 번째 수난 예고 때 "사람의 아들은 반드시 많은 고난을 겪고 원로들과 수석 사제들과 율법학자들에게 배척을 받아 죽임을 당하였다가 사흘 만에 되살아나야 한다"(루카 9,22)라고 말씀하셨다. 예수님의 이러한 의지는 거룩한 변모 사건에서 더욱 확실하게 나타난다. 루카복음 9장 28-31절에 의하면 이때 예수님은 모세와 엘리야와 함께 예루살렘에서 이루실 일, 곧 세상을 떠나실 일을 말하고 계셨다고 한다. 모세가 율법을 상징하고, 엘리야가 예언서를 상징한다면, 예수님은 하느님의 말씀을 통해 예루살렘에서 당신이 겪으실 일이 하느님의 뜻임을 분명히 식별하셨다고 말할 수 있다.

예수님이라고 하더라도 예루살렘에서 일어날 일을 받아들이는 일은 쉽지 않았음을 요한복음의 말씀으로 알 수 있다. "이제 제 마음이 산란합니다. 무슨 말씀을 드려야 합니까? '아버지, 이때를 벗어나게 해주십시오' 하고 말할까요? 그러나 저는 바로 이때를 위하여 온 것입니다. 아버지, 아버지의 이름을 영광스럽게 하십시오."(요한 12,27-28)

예수님은 당신의 내적 욕구에 따라 행동하시지 않고, 아버지의 뜻을 따르고자 하신다. 이것은 겟세마니의 기도에서도 확인할 수 있다. 예수님은 올리브산에서 무릎을 꿇고 기도하시며 하느님 아버지께 이렇게 말씀드리셨다. "아버지, 아버지께서 원하시면 이 잔을 저에게서 거두어 주십시오. 그러나 제 뜻이 아니라 아버지의 뜻이 이루어지게 하십시오."(루카 22,42) 예수님의 내적 투쟁의 치열함을 표현하기 위하여 루카 복음사가는 “땀이 핏방울처럼 되어 땅에 떨어졌다”(루카 22,44)고 묘사한다.

복음서가 전하는 예수님의 모습을 통해 우리는 그분의 식별과 선택은 전적으로 하느님의 뜻을 찾고 하느님의 뜻을 따르기 위한 식별과 선택이었음을 알 수 있다. 예수님은 당신의 모범으로 우리 그리스도인들 역시 그렇게 하도록 초대하신다. 그러므로 우리가 진짜 그리스도인임을 보여주는 증거는 우리가 매일 하고 있는 선택과 결정으로 드러난다.

우리가 내린 결정이 좋은 결정이라면 그것은 다른 이들에게 긍정적인 영향을 미치고, 새로운 기회를 창출하며, 다른 이들을 참여시킬 것이다. 그 결정은 실행 가능하고 체계적이며, 결정 과정은 투명할 것이다. 그리고 결정을 내린 이는 자신이 내린 결정에 대한 명확한 인식을 가지고 있을 것이다.

종합

마지막으로 신앙인으로서 좋은 결정을 내리기 위해 지금까지 살펴본 모든 내용들을 종합하여 정리한다면 다음과 같다.

첫째, 어떤 선택이나 결정을 하기에 앞서 언제나 성령의 인도를 청한다. 무엇이 선하고, 무엇이 하느님의 뜻인지, 무엇이 하느님의 마음에 드는 것인지를 알기 위해 기도한다.

둘째, 결정에 필요한 정보를 수집하고, 다양한 사람들의 조언을 구한다. 그리고 이 정보들을 비교분석하여 몇 가지 선택지를 만들어 본다.

셋째, 이 선택지들 가운데 가장 마음을 움직이는 것, 마음을 평화롭게 하는 것이 무엇인지 살펴보고 그것을 선택한다.

넷째, 선택을 하였으면, 하느님께서 그것을 원하시는지 확인하는 과정을 거친다. '하느님, 제가 기도와 숙고를 거쳐 이러저러한 결정을 내렸는데, 이것이 정말로 하느님께서 원하시는 것인지 확인하여 주십시오.'

다섯째, 하느님께서도 이것을 원하신다는 확신이 생기면, 그것을 실행에 옮긴다.

여섯째, 자신이 내린 선택과 결정의 결과에 대해 평가해 본다.

크고 작은 선택과 결정을 하게 될 때마다 이렇게 한다면, 우리는 조금씩 더 예수님을 닮아가게 될 것이다. 우리가 날마다 하게 될 선택과 결정이 '그리스도인으로서의 정체성'을 반영하는 것이 될 수 있기를 바란다.

넷째 이야기

믿음으로 산다는 것은

믿음으로 산다는 것은 신앙인에게 있어 매우 중요한 주제이다. 믿음으로 산다는 것의 구체적인 의미를 알수록 성숙한 신앙에 이를 수 있는 가능성은 커진다.

그런데 과연 '믿음으로 산다는 것'은 무엇을 의미하며, 어떻게 사는 것을 말하는 걸까? 믿음으로 산다는 것이 단순히 예수님을 믿으면 천국 가고, 믿지 않으면 지옥에 떨어진다는 걸 믿는 것은 아닐 것이다. 어떤 이들은 다른 사람들이 불편함을 느끼건 말건 아무 상관없이 확성기에 대고 "예수천당 불신 지옥"을 외쳐댄다. 신앙생활이 이런 것만을 의미하지는 않을 것이다. 그렇다면 믿음으로 사는 것은 그저 신앙 교리에 지적으로 동의하는 것일까? 아니면 신자의 기본적인 의무를 성실히 행하는 것으로 충분한 걸까? 믿음으로 사는 사람에게는 고통과 환난이 없어야 하는 걸까? 그런 것도 아니라면, 믿음으로 산다는 것은 과연 어떤 것일까?

인생은 종종 전쟁터에 비유되곤 한다. 세상은 공평하지 않아 보이고, 모두에게 기회가 균등하게 주어지는 것도 아닌 것 같다. 그래서 우리는 오늘도 성공의 사다리를 오르기 위해 원하든 원하지 않든 고군분투한다. 출판된 지 오십 년도 더 된 「꽃들에게 희망을」이라는 책을 잘 아실 것이다. 삶에 대한 깊은 통찰을 담고 있는 어른들을 위한 동화책이다. 이 책의 한쪽에는 벌레들의 기둥이 그려져 있는데, 벌레들은 서로를 짓밟으면서 모두들 위로 오르려고 한다. 이 책에서 가장 감동적인 장면 중 하나는 주인공인 줄무늬 애벌레가 자신이 누구인지를 깨닫고 그 기둥을 스스로 내려오는 장면이다.

사실 우리가 어린 시절부터 줄곧 들어와서 그 진리성을 의심하기 어려운 성공 신화는 행복에 대한 보증이 되지 못한다. 삶의 중년을 넘어선 이들은 사다리의 꼭대기에 올라가도 거기에 행복이 없다는 것을 알고 있다. 그런데도 우리는 그 사다리를 포기하지 못하는 경우가 많다. 이와 같이 우리가 세상으로부터 배우고 익힌 가치들은 때로는 복음의 가치와 충돌을 일으킨다. 세상에서 배운 가치에 따르면, 나와 수준이 맞고 취향이 통하는 이들하고만 사귀는 것이 현명하고 지혜로운 일이다. 그런데 복음은 원수까지도 사랑하라고 말한다. 세상은 성공을 위해서라면 권모술수를 쓰는 것도 주저하지 말라고 권유하지만, 복음은 진리가 우리를 자유롭게 할 것이라고 말한다. 우리의 주제인 '믿음으로 산다는 것'의 의미를 제대로 이해하려면 내 안에서 나를 움직이는 가치가 무엇인지를 알 필요가 있다. 그리고 그 가치가 복음의 가치와 일치하는지 아니면 다른지를 알아야 한다. 자신이 어떤 가치에 따라 움직이는 사람인지를 아는 것, 곧 자신의 현실에 대한 인식은 믿음을 성장시키는 데 중요한 요소다.

이제 본격적으로 믿는다는 것의 구체적인 의미를 다루려 한다. 그런데 여기서 말씀드리려는 것은 '믿는다는 것은 무엇인가'에 대한 이론적이고 학문적인 지식이 아니다. 그보다는 삶을 통해 배운, 필자 나름대로의 경험에 바탕을 둔 '믿음으로 산다는 것'에 대한 통찰이다.

여러분도 신앙생활을 해오면서 믿음에 관해 깨닫게 된 바를 한번 정리해 보시길 권한다. 종이에 "나에게 있어서 믿는다는 것은 ______ 것이다"라는 문장을 여러 개 적고, 그 빈칸을 채워보시길 권한다.

믿음에 관한 여러분의 생각과 이 책에 적힌 필자의 생각을 합한다면 믿음에 관한 훨씬 더 심오한 통찰을 얻게 되리라 믿는다. 사도들처럼 주님께 "저희에게 믿음을 더하여 주십시오"(루카 17,5)라고 기도하면서, 믿는다는 것 그리고 믿음으로 산다는 것의 의미를 살펴보자.

첫째, 믿는다는 것은 "하느님께서 내 삶의 안위에 구체적으로 마음을 쓰고 계시다는 것을 믿는 것"이다.

내가 아프고 슬프고 괴로운 것을 하느님께서도 알고 계시고, 마음을 쓰시며, 구체적으로 돌보아 주고 계심을 믿는 것이다. 하느님께서 실제로 그런 분이심을 보기 위하여 구약성경에 나오는 사렙타 과부 이야기를 소개해 드리고자 한다. 이 이야기는 하느님께서 우리의 안위에 어느 정도로 관심이 있으신지 잘 보여준다.

사렙타 과부 이야기(1열왕 17,8-16)

이 본문의 시간적 배경은 북이스라엘에서 가장 악명이 높았던 아합 임금 시절이다. 당시는 엘리야 예언자가 활동하던 때로 이 예언자는 종교혼합주의를 장려한 아합 임금과 정면으로 맞섰다. 아합 임금의 부인은 이제벨로, 시돈의 공주였다. 시돈은 바알 신 숭배가 만연한 곳이었기에, 이제벨과 아합의 혼인은 이스라엘에 바알 신 숭배가 퍼지는 원인이 되었고, 아합은 이제벨과 함께 북이스라엘에 바알 신 숭배를 장려하였다. 그때 철저하게 야훼 하느님만을 숭배할 것을 주장하는 엘리야 예언자가 임금 앞에 나타나 가뭄을 선언한다. 이스라엘 백성이 바알을 숭배한 이유는 바알이 폭풍우의 신으로 비를 내려준다고 믿었기 때문이다. 그들은 야훼 하느님이 비를 주시는 분이심을 망각하였다. 그래서 하느님이 엘리야를 통하여 바알에게 도전장을 내민 것이다. 바알이 진짜 신이라면 하느님의 가뭄 선언에 맞서서 비를 내리게 해야 할 것이다. 그러나 가뭄은 지속되었고, 이스라엘 전역에 물이 말라가기 시작했다.

엘리야가 숨어 지내던 크릿 개울의 물도 다 마르자 하느님께서는 그를 시돈, 그러니까 이제벨의 고국에 있는 마을 사렙타로 보내신다. 사렙타는 바알 신을 섬기는 곳이었지만 그곳 역시 가뭄이 들이닥쳐 기근이 극심한 상태였다. 이는 하느님의 권능이 바알 신의 본고장조차 지배하고 있음을 보여준다. 이곳 사렙타에서 엘리야는 한 과부를 만난다. 그 과부에게는 아들이 하나 있었다.

하느님께서는 엘리야에게 '사렙타의 과부에게 명령하여 먹을 것을 주도록 해놓았다'고 말씀하셨다. 하지만 그 과부는 엘리야를 돌봐줄 수 있는 형편이 아니었다. 불행하게도 그 과부는 심각한 기근으로 인한 식량난에 시달리다가 자식과 함께 마지막 남은 것을 먹고 죽을 작정을 한 이였다. 이 상황은 엘리야에게도, 그 여인에게도 믿음의 시험이 되었다.

둘 다 하느님을 믿거나 둘 다 믿지 못할 수도 있었다. 혹은 둘 중 하나만 하느님을 믿을 수도 있었다.

엘리야는 하느님의 말씀을 믿은 듯하다. 그 과부가 먹을 것을 넉넉히 가진 부자가 아닌 것처럼 보였어도 그는 하느님의 말씀을 믿고 그 과부에게 마실 것과 먹을 것을 청한다. 과부는 담담히 자신의 처지를, 그에게 마실 것과 먹을 것을 제공할 만한 형편이 못 된다는 것을 엘리야에게 알려준다.

내가 엘리야라면 이 순간 어떻게 할 것인가? 포기하고 물러날 것인가 아니면 일을 왜 이런 식으로 하시냐고 하느님께 따지고 화를 낼 것인가?

엘리야는 여인에게 이렇게 말한다.

> "두려워하지 말고 가서 당신 말대로 음식을 만드시오. 그러나 먼저 나를 위해 작은 빵 과자 하나를 만들어 내오고, 그런 다음 당신과 당신 아들을 위하여 음식을 만드시오. 주 이스라엘의 하느님께서 이렇게 말씀하셨소. '이 주님이 땅

에 비를 다시 내리는 날까지, 밀가루 단지는 비지 않고 기름 병은 마르지 않을 것이다.'"(1열왕 17,13-14)

엘리야는 하느님께서 자신도, 여인도 보살펴 주실 것임을 믿었다. 하느님께서 하신 말씀을 신뢰하였다.

자, 그렇다면 그 과부는 어떻게 하였을까? 생면부지의 나그네가 와서 먹을 것을 청하였는데, 사실은 나누어 줄 것이 전혀 없는 형편이다. 그런데 그가 걱정하지 말라고 말한다. 그의 말을 믿어야 할까? 놀랍게도 여인은 엘리야의 말을 믿고 그대로 행한다. 밀가루 단지의 남은 밀가루를 탈탈 털어내어 빵을 만들고 엘리야를 대접한다. 과연 밀가루 단지의 밀가루는 떨어지지 않았고, 기름병의 기름도 마르지 않았다.

이 여인이 도움을 요청하는 엘리야를 박대하지 않고 그의 요청을 받아들일 수 있었던 이유는 무엇일까? 만약 이 여인이 지금껏 자신이 누려온 것이 다 하느님이 주신 것이며 하느님은 언제나 필요한 것을 베풀어 주시는 분임을 알지 못하였다면, 그는 나그네의 부탁을 매몰차게 거절하였을지도 모른다. 그 과부가 엘리야의 요청을 거절하였다면 하느님은 어떤 식으로든 엘리야를 살게 하셨겠지만, 그 여인은 하느님이 자신을 구원하기 위해 그의 인생에 개입하시는 은혜로운 체험을 놓쳤을지도 모른다.

우리 인생에도 사렙타 과부의 처지와 같았던 시절이 있었을 것이다. 그리고 어쩌면 하느님께서는 엘리야를 나에게 파견하셨을 것이다. 그때 내게 파견된 엘리야를 나는 어떻게 대하였을까? 아마도 하느님은 지금도 우리를 구하시고자 엘리야를 보내주실지도 모른다. 우리가 우리에게 파견된 엘리야를 알아보지 못하는 것은 하느님께 다른 것을 기대하고 있기 때문일 수도 있다. 엘리야는 도움을 주는 존재가 아니라 도움이 필요한 존재로 과부에게 나타났다. 그는 과부의 문제를 해결해 줄 부자도, 용사도, 관리도 아니었다. 그저 도움을 필요로 하는 나그네였다. 그러나 이 여인은 가엾은 나그네를 대접하고 하느님을 만날 수 있었다. 우리 삶에 엘리야가 찾아올 때 그 모습을 알아볼 수 있으면 얼마나 좋을까? 사렙타 과부의 일화는 하느님을 신뢰하고 사는 삶이 어떤 것인지를 알려준다.

그런데 왜 우리는 과부처럼 일상의 삶에서 하느님을 믿고 신뢰하지 못할까? 인생의 주도권을 내가 쥐려고 하고 나의 뜻대로 인생을 영위하려 한다면, 하느님을 신뢰하기가 어렵다. 삶의 주인이 하느님이 아니라 나 자신이기 때문이다. 그래서 하느님의 자리를 차지하고서 내가 원하는 대로 하느님이 움직여 주시길 바란다.

그러나 믿음으로 산다는 것은 하느님께서 하느님 역할을 하시도록 그분의 자리를 내어드리는 것이다. 이것을 다르게 표현한다면, 내 삶의 모든 것을 내가 원하는 대로 통제하려 들지 않으며, 주어진 상황을 있는 그대로 받아들이면서 그 안에서 성장할 수 있는 길을 찾는 것이다. 나보다 더 나를 사랑하시는 하느님의 손길에 자신을 맡겨드리고, 알 수 없는 미래를 두려워하기보다는 하느님이 원하시는 대로 사랑하는 일에 더 애를 쓰는 것이다.

또한 믿음으로 산다는 것은 사렙타 과부의 이야기가 보여주듯이, 하느님이 저 멀리 계시는 추상적인 분이 아니라 나에게 구체적인 관심을 가지고 계시며 나의 안위를 돌보시기 위해 적극적으로 일하시는 분임을 믿는 것이다. 곧 하느님이 내 편이심을 굳게 믿는 것이다.

둘째, 믿는다는 것은 "하느님께서는 내가 가진 모든 가능성을 실현하기를 바라시며, 그렇게 할 수 있도록 기꺼이 도와주신다는 것을 믿는 것"이다.

하느님께서 이러한 분이심을 보기 위하여 베드로

의 부르심에 관한 성경 본문을 함께 살펴보고자 한다. 특별히 루카 복음사가가 묘사하는 베드로의 부르심 이야기(루카 5,1-11)에 주목해 보겠다.

베드로의 부르심 이야기를 살펴보기 전에 예수님께서 제자들을 부르시는 사건이 예수님의 공생활에 있어서 얼마나 중요한 사건이었는지를 알 필요가 있다. 예수님의 공생활은 세례 사건으로 시작된다. 세례를 받으신 후 예수님은 곧바로 광야에 가서 유혹을 받으셨고, 그 후에 갈릴래아로 가셔서 복음을 선포하기 시작하셨다. 루카 복음사가에 따르면, 예수님은 당신의 고향인 나자렛 회당에서 첫 번째 공적인 설교를 하셨다. 나자렛 사람들은 예수님의 첫 설교를 듣고 감탄하였지만 곧 그분을 벼랑까지 끌고 가 떨어뜨리려고 하였으니 예수님은 첫 설교부터 실패하신 셈이다. 이어서 예수님께서 행하신 구마와 치유 기적이 소개된다. 여기에 베드로의 장모가 치유받는 이야기도 포함된다.(루카 4,38-39) 그러니까 베드로는 예수님으로부터 사도로 부르심을 받기 전에 이미 예수님에 대한 소문을 들었을 뿐만 아니라 그의 장모가 예수님을 통해 기적적으로 치유되는 사건을 경험하였다. 예수님은 베드로를 사도로 부르시기 전에 이미 그의 마음을 휘저어 놓고 계셨던 것이다. 예수님은 베드로의 삶 안으로 서서히 개입해 들어가고 계셨다. 베드로의 마음은 예수님이라는 바람에 의해 이미 일렁이고 있었다. 예수님께서 전도 여행을 떠나셨다는 이야기가 간략히 소개된 후 우리의 관심 본문인 '베드로의 부르심'에 관한 이야기가 이어진다. 이 이야기 순서를 따라간다면, 예수님은 공생활 초기에 제자들을 부르신 것이다. 그러므로 예수님께서는 하느님 나라를 선포하는 당신의 일에 처음부터 제자들이 함께하기를 원하셨다는 것을 알 수 있다.

베드로의 부르심(루카 5,1-11)

예수님께서는 겐네사렛 호숫가에 서서 몰려든 군중에게 하느님의 말씀을 전하고 계셨다. 그런데 그분은 조금 더 효과적으로 군중에게 말씀하실 방법을 간구하신 것으로 보인다. 몰려드는 군중은 예수님의 말씀을 더 잘 들으려고 호수로 이어지는 언덕배기에 삼삼오오 떼를 지어 앉아있었다. 오늘날처럼 음향을 증폭시킬 장치도 없던 시절에 어떻게 하면 예수님의 목소리가 멀리 퍼져 나가게 할 수 있었을까? 마침 호숫가에는 배 두 척이 있었고, 어부들은 그물을 씻고 있었다. 그들의 모양새를 보니 밤새워 물고기를 낚느라 수고한 것 같으나 그물에는 아무짝에도 쓸모없는 수초들만 걸려있었다.

> "예수님께서는 그 두 배 가운데 **시몬의 배에 오르시어** 그에게 뭍에서 조금 저어 나가 달라고 부탁하신 다음, 그 배에 앉으시어 군중을 가르치셨다."(루카 5,3)

예수님은 하필이면 그 배들 가운데 시몬의 배에 오르신다. 시몬에게는 우연으로 여겨졌겠지만 예수님은 의도적으로 시몬의 배를 선택하신 것으로 보인다. 그분은 시몬에게 그 배를 띄워 뭍에서 조금 거리를 둘 수 있게 해달라고 부탁하신다. 그러고는 뱃고물에 앉으셔서 군중을 가르치셨다. 그렇게 하면 예수님의 음성이 물에 한번 부딪친 채로 군중에게 전달되어 소리를 증폭시키는 효과를 낸다고 한다. 베드로는 자기 배에 탄 채로 예수님의 가르침을 들었을 것이다. 누구보다 가까이서 그분의 가르침을 들으면서, 이미 일렁이고 있던 베드로의 마음은 이제 요동을 치기 시작했을 것이다. 예수님의 새로운 가르침으로 그의 마음에는 왠지 모를 희망이 솟구쳐 오르고 있었다.

예수님은 말씀을 다 마치시고 나서 시몬에게 이르셨다.

"깊은 데로 저어 나가서 그물을 내려 고기를 잡아라."(루카 5,4)

예수님은 무심한 듯이 이 말씀을 던지셨지만, 이 말씀은 빈 그물을 씻고 있는 그들의 모습을 안타까워하신 그분의 측은지심을 드러낸다.

"스승님, 저희가 밤새도록 애썼지만 한 마리도 잡지 못하였습니다. 그러나 스승님의 말씀대로 제가 그물을 내리겠습니다."(5,5)

베드로는 갈릴래아 호수에서 잔뼈가 굵은 베테랑 어부였다. 그가 예수님을 몰랐다면 예수님의 말에 코웃음을 쳤거나 호통을 쳤을 것이다. 베드로의 성정을 생각하면 그러고도 남았을 것이다. 그러나 그는 장모를 치유해 주시던 날에도 또 이날도 예수님이 어떤 분이신지를 경험한 터이니 그분의 말대로 한다. 그러자 그들은 그물이 찢어질 만큼 매우 많은 물고기를 잡게 되었다.

깜짝 놀란 시몬은 예수님의 인격 앞에 두려움을 느낀다. 모든 것을 꿰뚫어 아시는 듯한 그분 앞에 엎드리며 이렇게 말한다.

> "주님, 저에게서 떠나주십시오. 저는 죄 많은 사람입니다."(루카 5,8)

자신이 도무지 이분과는 어울릴 수 없는 존재임을 고백하는 것이다. 이는 하느님의 놀라운 권능을 목격한 이들만이 할 수 있는 고백이고, 하느님의 눈에 훤히 드러난 자신의 죄를 인식한 이의 고백이다. 그때 예수님이 시몬을 부르신다. 물고기를 낚는 어부였던 시몬에게 '사람을 낚는 사도'가 되라고 초대하신다. 베드로가 내면의 두려움을 떨쳐내고 이 초대에 응하였다는 것은 다음 구절을 통해 알 수 있

다. 그는 "**모든 것을 버리고 예수님을 따랐다.**"(5,11)

이 경험은 시몬 베드로에게만 국한된 것이 아니었다. 베드로와 함께 있던 이들도, 시몬의 동업자인 제베대오의 두 아들 야고보와 요한도 같은 경험을 하였다. 그래서 그들은 배를 저어다 뭍에 대어 놓은 다음, 모든 것을 버리고 예수님을 따랐다.

예수님이 시몬을 부르셨을 때 과연 시몬은 예수님의 부르심을 받기에 합당한 자였을까? 놀랍게도 성경 저자는 시몬을 묘사할 때 그의 이름 외에는 그의 특징을 묘사할 어떤 형용사도 사용하지 않는다. 베드로의 학력이 어느 정도인지, 손재주와 일머리가 좋은지, 눈치가 빠르고 재치가 뛰어난지 등에 대해서는 한마디도 하지 않는다. 왜 이런 것에 대해 침묵할까? 우리는 누군가를 고용하거나 일을 부탁할 때 반드시 이런 것을 확인하지 않는가?

우리를 부르시는 하느님에 대해 생각해 보자. 예

수님은 왜 베드로를 부르셨을까? 베드로가 당신에게 쓸모 있고 도움이 될 것 같아서 부르셨을까? 아니면 베드로를 위해서, 베드로가 가장 베드로답게 살 수 있게 하시려고 부르셨을까? 베드로의 부르심에서 알 수 있듯이 하느님께서는 우리의 도움이 필요해서 부르시는 것이 아니다. 우리를 창조하신 하느님께서는 본래 우리를 창조하신 그 목적대로 우리가 살기를 바라신다. 그것이 하느님께서 우리를 부르시는 이유이다.

하느님께서는 우리를 어디로 부르고 계실까? 우리 각자가 무엇이 되기를 바라실까? 나는 현재의 자신에게 만족하는가? 아니면 아직도 하느님께서 나를 어디로 부르시는지 그 길이 선명하지 않은가? 하느님께서는 우리를 잘 알고 계신다. 당신이 손수 빚으신 존재이기 때문이다. 하느님께서는 우리 각자를 창조하실 때 우리 안에 심어주신 당신의 꿈이 실현되기를 바라신다. 그리고 그것을 실현시키고자 우리를 부르신다. 우리 각자를 위한 하느님의 꿈이 실현될 때 세상은 비로소 완전한 아름다움을 입게 될 것이기 때문이다.

셋째, 믿음으로 산다는 것은 "우리가 자신의 참된 모습을 찾아 살아가도록 부르시는 하느님의 초대에 응하는 것"이다.

둘째 주제에서 살펴본 대로 하느님께서는 우리를 부르시고 초대하신다. 그리고 우리가 그 초대에 적극적으로 응하기를 바라신다. 그런데 하느님께서 내 안에 심어주신 그 꿈을 실현하기 위해 나는 그저 가만히 있기만 하면 될까? 하느님께서는 우리 각자가 어떤 씨앗으로 태어났으며 자신의 가능성은 무엇인지 알기를 바라시고, 그것을 알 수 있도록 우리를 인도하신다. 동시에 우리가 그 가능성을 실현하기 위해 노력하기를 바라시며, 그렇게 할 수 있도록 삶의 모든 상황을 통해 우리를 도와주시고 이끌어 주신다. 믿음으로 산다는 것은 바로 이런 하느님을 신뢰하는 것이다. 그러한 하느님을 잘 보여주는 성경 본문은 요한복음의 나타나엘을 부르시는 장면이다.

나타나엘의 부르심(요한 1,45-49)

여기서 나타나엘을 예수님께 데려간 필립보는 베드로와 안드레아처럼 벳사이다 출신이다. 아마도 그는 예수님을 만나 가슴 벅찬 기쁨을 느꼈던 것 같다. 이 기쁨을 혼자만 간직할 수 없었기에 친구인 나타나엘에게 그분을 소개한다. "우리는 모세가 율법에 기록하고 예언자들도 기록한 분을 만났소. 나자렛 출신으로 요셉의 아들 예수라는 분이시오."(요한 1,45)

그러나 이 소개는 나타나엘의 관심을 끌기에 충분하지 못했다. 그는 메시아를 기다리는 사람이었고, 메시아의 출신이 어떠해야 하는지 모르지 않았

다. 그래서 필립보에게 이렇게 대답한다. "나자렛에서 무슨 좋은 것이 나올 수 있겠소?"(1,46)

사실 나타나엘의 말은 그 당시 유다인들의 일반적인 생각을 반영한다. 예로부터 갈릴래아 지역은 이민족들의 땅으로 알려진 곳이었다.(마태 4,15 참조) 그리고 메시아가 갈릴래아 지역에서 나오리라는 예언은 구약성경 어디에서도 찾아볼 수 없다. 그러니 나자렛 출신의 예수님은 율법과 예언서에서 말하는 메시아일 리가 만무하다는 것이 나타나엘의 생각이었다.

그러나 예수님을 만난 기쁨으로 충만했던 필립보는 확신에 차서 말한다. "와서 보시오."(요한 1,46)

잠깐 부연 설명을 하자면, 필립보를 따라 예수님께 갔다가 그분의 제자가 된 나타나엘은 열두 제자 명단에 나오지 않는다. 열두 제자 명단에는 나타나엘 대신 바르톨로메오가 언급되고, 그는 언제나 필

립보 다음에 소개된다. 그래서 교회에서는 전통적으로 바르톨로메오와 나타나엘을 동일 인물로 여겨 왔다.[1]

그런데 필립보를 따라 예수님 쪽으로 가고 있던 나타나엘을 보신 예수님께서 이렇게 말씀하신다. "보라, 저 사람이야말로 참으로 이스라엘 사람이다. 저 사람은 거짓이 없다."(요한 1,47) 이 말씀을 들은 나타나엘은 깜짝 놀라서 "저를 어떻게 아십니까?"(1,48) 하고 여쭙는다. 그러자 예수님께서는 "필립보가 너를 부르기 전에, 네가 무화과나무 아래에 있는 것을 내가 보았다"(1,48) 하고 말씀하신다. 그제서야 나타나엘은 "스승님, 스승님은 하느님의 아드님이십니다. 이스라엘의 임금님이십니다"(1,49) 하고 고백한다.

나타나엘은 자신의 진짜 모습을 알아봐 주신 예수님 앞에서 깜짝 놀랐다. '이 사람이 어떻게 나를 안단 말인가?' 예수님은 그가 무화과나무 아래에 있는 것을 보셨다고 대답하신다. 당시의 라삐들은 종종 무화과나무와 같은 큰 나무 그늘 아래에서 가르침을 펼쳤다. 예수님은 스승의 가르침을 쫓아 무화과나무 아래 있던 그의 모습에서, 진리를 추구하는 갈망을 꿰뚫어 보신 것이다. 그 말씀에 나타나엘은 감격한다. 자신의 참모습을 알아봐 주신 분 앞에서 엄청난 위안을 받는다. 그리고 자신의 전 존재를 꿰뚫어 아시는 그분이야말로 하느님의 아드님, 이스라엘의 임금님으로 불리기에 합당한 분이심을 고백한다. 나타나엘은 그를 바라보시는 예수님의 시선을 통해서 자신이 누구인지, 무엇이 되도록 부름받은 사람인지를 알아차릴 수 있었던 것이다.

우리가 자신의 고유한 가치를 알아보려면 나타나엘이 경험한 것처럼 예수님이 나를 보시듯이 나를 보아야 한다. 곧 예수님의 시선으로 나를 바라보아야 한다. 우리는 자신을 어떤 눈으로 바라보는가?

혹시 세상이 정해준 기준이나 잣대를 가지고 자신을 바라보지 않는가? 그런 눈으로 바라보면 자신이 언제나 '~보다 못한 나', '~보다 가지지 못한 나', '~보다 덜 똑똑한 나'로 보이지 않는가? 세상의 기준으로 나를 바라보면 나는 언제나 보잘것없는 존재에 불과하다. 그러나 예수님의 눈으로 바라보면 존재하는 모든 것은 귀하다. 왜냐하면 하느님께서 모든 것을 고유한 목적을 가지고 만드셨기 때문이다.

자신의 참모습을 발견하지 못한 채 끊임없이 자신을 세상의 잣대로 바라보면 자신을 올바로 사랑할 수 없게 된다. 자신을 사랑하지 못하는 사람은 저절로 세상과 타인을 향하여 적대적이 될 수밖에 없다. 그러므로 자신을 다른 누군가와 비교해서는 안 된다. 비교는 유혹이라고 말씀드리고 싶다.

필자가 대학교에 다닐 때 '정성 분석'과 '정량 분석'이라는 과목이 있었다. 두 과목 다 실험 과목이다. 주로 특정한 물질의 성질이나 양을 측정하고 비교하는 실험을 한다. 예를 들면 낙동강과 섬진강의 용존산소량을 비교하는 실험을 할 때, 이런 비교 실험을 하기 위해 반드시 충족시켜야 하는 조건은 두 강에서 채취한 시료가 동일 조건에서 얻은 것이어야 한다는 것이다. 그렇지 않으면 비교 결과는 무의미한 것이 된다. 이것을 사람에게 적용해 본다면, 이 세상의 그 누구도 동일 조건에 놓여있지 않다. 그러므로 우리는 누구와도 비교될 수 없고 비교해서도 안 된다. 세상은 끊임없이 사람을 비교하여 우열을 가리도록 유혹하지만, 우리는 그 유혹을 이겨내야 한다. 하느님께서는 어떤 목적을 가지고 나를 고유하게 지어내셨음을 믿어야 한다. 그 목적은 하느님과 나만이 알 수 있는 것이다. 물론 다른 이들이 그 목적을 발견하도록 도움을 줄 수는 있다.

나타나엘처럼 자신의 고유함을 발견한 사람은 하느님께 자신만이 드릴 수 있는 응답을 드리고 싶어

한다. '나'는 82억 인구 가운데 유일하며 대체 불가능한 존재다. 그럼 오직 나만이 주님께 드릴 수 있는 응답은 무엇일까? 그것이 무엇인지를 발견하고, 그 몫을 살아가야 한다. 그것은 내가 아니면 아무도 살 수 없는 몫이다. 하느님께서는 내가 그 몫을 살고자 할 때 기꺼이 도와주신다. 앞장서 우리를 그 길로 인도해 주신다. 그런데 그 길은 세상이 칭송하는 것과는 차이가 날 수 있다. 세상이 그것을 알아봐 주지 않을 수도 있다. 하지만 그것이 참으로 우리의 몫이라면, 또 그런 확신이 있다면, 아무도 알아주지 않아도 괜찮다. 그것이 참으로 나의 고유한 몫이라면 아무도 알아주지 않아도 꾸준히 그것을 해낼 수 있는 내적인 힘이 솟아날 것이다. 이것을 발견한 이는 참으로 행복한 사람이다.

그러므로 믿음으로 산다는 것은 우리의 참모습을 발견하고 그 고유한 몫을 살아가도록 이끄시는 하느님을 신뢰하며 사는 것이다.

넷째, 믿음으로 산다는 것은 "하느님께 질문하기를 포기하지 않는 것"이다.

우리는 이해되지도 납득되지도 않는 상황에서 하느님께 끊임없이 질문을 던질 수 있다. '하느님이 나를 사랑하신다면 왜 삶은 이렇게 고통스럽기만 한가요?' '하느님이 정의로운 분이시라면 왜 불의를 행하는 이들이 잘 되기만 하나요?' '내가 이렇게 힘든데 왜 하느님은 내 편이 되어 나서지 않으시는 건가요?'

성경에는 하느님께 지치지 않고 질문을 던졌던 인물들이 여럿 있다. 그 가운데 사무엘의 어머니인 한나를 살펴보자.

한나 이야기(1사무 1장)

한나는 구약성경의 사라, 레베카, 라헬, 삼손의 어머니처럼 아이를 낳지 못하는 여인이었다. 구약 시대에 아이를 낳지 못하는 여인의 처지는 조선 시대에 아이 못 낳는 여인이 겪었던 처지와 별반 다를 바가 없었다고 생각하면 된다. 한나의 남편 엘카나에게는 한나 외에도 프닌나라는 아내가 있었고, 그에게는 자식이 있었다. 이때는 아직 이스라엘에 일부일처제가 정착되지 않았던 시절이다. 그래서 한나와 프닌나는 본처와 첩의 관계가 아니라 둘 다 동등한 권리를 가진 부인이었다.

자식이 없는 한나의 괴로움이 배가되는 때는 엘카나가 가족들을 데리고 실로 성소로 가서 제사를 드릴 때였다. 제사를 드리는 날, 엘카나는 아내 프닌나와 그의 아들딸들에게 각각의 제물의 몫을 나누어 주었으나 한나에게는 한 몫밖에 줄 수 없었다. 한나는 남편의 사랑을 받았지만 하느님께서 그의 태를 닫아놓으셨기에 아기를 가질 수 없었던 것이다. 한나가 불임인 것은 하느님께서 하신 일이니 한나의 처지는 자신의 노력으로 개선할 수 있는 것이 아니었다. 그렇기 때문에 그의 괴로움은 컸다. 그런데 프닌나는 한나의 이런 불행한 처지를 조롱한다.

이런 일은 해마다 되풀이되었고, 프닌나가 한나의 화를 돋우면 한나는 울기만 하며 아무것도 먹지 못했다. 비록 남편 엘카나가 한나를 위로하였으나 그것으로 한나의 불행이 상쇄되는 것은 아니었다.

슬픔에 지칠 대로 지친 한나는 일어나 성전으로 가서 하느님께 하소연한다. 마음이 너무나 괴로워 소리 내어 기도하지도 못하고 울면서 속으로 하느님께 자신의 심정을 토로했다. 그리고 자신의 가장 깊은 곳에서 나오는 염원을 말씀드리며, 아들 하나를 허락하시면 그 아이를 하느님께 바치겠노라고 서원한다. 그런데 엘리 사제는 그런 한나를 술 취한 여인으로 오해한다. 당시 사람들은 성전에서 하늘을 향해 손을 높이 쳐들고 큰 소리로 하느님께 기도를 바쳤다. 그러면 뒤에서 그 청원기도를 듣고 있던 사제가 하느님께서 그대의 기도를 들어주실 것이라는 응답을 해주고, 기도를 바친 이는 이어서 주님께 대한 신뢰의 기도를 바쳤다. 한나가 기도하러 들어온 것을 보고 엘리 사제는 성전 문설주 곁에 앉아서 그의 기도에 응답을 하려고 기다리고 있었는데, 한나가 소리 내어 기도하지 않고 입술만 움직이고 있었기 때문에 술에 취한 줄로 생각한 것이다. 아마도 성소에서는 제사 음식을 먹고 술에 취한 경우가 적잖이 발생하였던 것으로 보인다. 어쨌거나 한나의 사정을 알게 된 엘리 사제는 "안심하고 돌아가시오. 이스라엘의 하느님께서 당신이 드린 청을 들어주실 것이오"(1사무 1,17)라고 대답한다. 이 말씀을 들은 한나는 그 길로 가서 음식을 먹었고, 그의 얼굴은 더 이상 전과 같이 어둡지 않았다.

한나에게 무슨 일이 일어났던 것일까? 한나는 여전히 불임 상태다. 겉으로는 아무것도 달라지지 않았다. 그런데 어떻게 하여 한나는 다시 마음이 가벼워질 수 있었을까?

한나는 주님 앞에 나아가 자신의 아픔과 설움을

다 털어놓았다. 아마도 자신의 태를 닫아놓으신 하느님을 원망하는 마음도 다 쏟아내었을 것이다. 주님께서는 한결 가벼워진 그의 마음을 당신의 평화로 채워주셨다. 한나가 경험한 평화는 요한복음 14장 27절에서 예수님이 말씀하신 그 평화가 아닐까? "나는 너희에게 평화를 남기고 간다. 내 평화를 너희에게 준다. 내가 주는 평화는 세상이 주는 평화와 같지 않다." 그래서 예수님은 "너희 마음이 산란해지는 일도, 겁을 내는 일도 없도록 하여라" 하고 말씀하셨다.

그런데 우리는 자주 평화를 잃고 마음이 산란해지곤 한다. 다른 사람들이 던지는 말 한마디에, 곱지 않은 눈길 한 번에 온통 평화를 빼앗기기도 한다. 만약 어떤 사람이 하는 말이나 행동이 우리를 뒤흔들고 평화를 앗아간다면 우리 마음의 주인은 과연 누구인 걸까? 예수님께서 주시는 평화는 외부의 자극이나 도전에도 자신의 본래 모습을 잃지 않게 하는 내적인 힘이다. 주님은 우리에게 "네 마음의 주인이 되어라"고 말씀하신다. 이런 내적인 힘을 키우려면 어떻게 해야 할까?

힘겹고 무거운 마음을 한나처럼 '하느님께' 가져가야 한다. 다른 곳이 아니라 '하느님께' 질문하고, 그분께 따져 묻고 하소연하라. 하느님 앞에서 예의를 차리고 멋진 말로 기도하려고 애쓸 필요는 없다. 누군가에게 자신의 속을 털어놓기만 해도 마음이 훨씬 가벼워지는 것을 체험하지 않는가? 하느님은 가장 안심하고 우리 속을 열어 보일 수 있는 분이시다. 이 세상 그 누구도 하느님만큼 무한한 인내심으로 우리의 투정과 불만과 분노를 날것 그대로 공감하며 들어주지는 못한다.

그러므로 믿음으로 산다는 것은 이런 하느님 앞에서 질문하기를 그치지 않는 것이다. 이해할 수 없고 납득할 수 없는 일들을 그분께 가지고 가서 따져 묻는 것이다. 그분의 답을 얻을 때까지 끝까지 포기하지 말고 여쭙다 보면 어느 순간 주님께서는 세상이 줄 수 없는 평화로 우리를 채워주실 것이다.

다섯째, 믿는다는 것은 "하느님의 약속을 신뢰하는 것"이다.

정말 열심히 노력하며 살아왔는데 도저히 넘어설 수 없는 장애물로 무너질 수밖에 없는 상황을 맞닥뜨릴 때, 거듭된 실패로 일어설 수 있는 힘이 더는 남아있지 않을 때, 믿음이 아무런 힘을 발휘하지 못하는 것처럼 여겨지는 순간에 우리는 어떻게 해야 할까?

아주 짧고 굵게 말씀드리겠다. 이때는 구원을 약속하시는 하느님의 말씀을 거듭 상기하고 기억하며 우리의 믿음을 두 배, 세 배로 만들어야 하는 때이다. 납득이 어려울 것이다. 그러나 필자의 말이 아니라 성경 말씀을 들어보자.

성모님에게 주신 약속(루카 1,30-37)

먼저 가브리엘 천사를 통해 성모님에게 주신 약속의 내용을 살펴보자. 마리아를 찾아온 가브리엘 천사는 마리아가 맡게 될 사명이 무엇인지를 알려준다. "두려워하지 마라, 마리아야. 너는 하느님의 총애를 받았다. 보라, 이제 네가 잉태하여 아들을 낳을 터이니 그 이름을 예수라 하여라. … 그분의 나라는 끝이 없을 것이다."(루카 1,30-31.33) 그러자 마리아는 이렇게 질문한다. "저는 남자를 알지 못하는데, 어떻게 그런 일이 있을 수 있겠습니까?"(1,34) 아이를 낳는 일은 마리아의 협력 없이는 이루어질 수 없다. 마리아의 질문은 자신이 이 일에 어떻게 협력해야 하는지를 묻는 것일 수 있다. 그런 일이 이루어지기 위해 당장 결혼을 해야 한다는 것인지, 아니면 다른 무엇을 해야 하는지를 묻는 것일지도 모른다. 그러나 천사의 대답은 마리아의 예상을 완전히 빗나간다. "성령께서 너에게 내려오시고 지극히 높으신 분의 힘이 너를 덮을 것이다. 그러므로 태어날 아기는 거룩하신 분, 하느님의 아드님이라고 불릴 것이다."(1,35) 그리고 천사는 이 말씀을 덧붙인다. **"하느님께는 불가능한 일이 없다."**(1,37)

모든 가능성이 차단되었다고 느낄 때, 하늘이 무너진 것처럼 여겨질 때, 천사가 마리아에게 하셨던 이 말씀을 기억하길 바란다. 그리고 믿어야 한다. 하느님께는 불가능한 일이 없다. 하느님께서는 어떻게든 다시 일어서게 해주실 것임을 굳게 믿으라. 어둠이 깊을수록 빛이 가까이에 있음을 믿으라.

사라에게 주신 약속(창세 18,1-15)

하느님께서 아브라함의 부인인 사라에게 주신 약속도 살펴보자. 아브라함의 극진한 대접을 받은 세 손님은 아브라함에게 보답을 하려는 듯 이렇게 말한다. "내년 이때에 내가 반드시 너에게 돌아올 터인데, 그때에는 너의 아내 사라에게 아들이 있을 것이다."(창세 18,10) 그러나 천막 어귀에서 이 말을 들은 사라는 속으로 웃으며 말한다. '이렇게 늙어버린 나에게 무슨 육정이 일어나랴? 내 주인도 이미 늙은 몸인데.'(18,12) 그때 주님께서는 아브라함에게 이렇게 말씀하신다. "어찌하여 사라는 웃으면서, '내가 이미 늙었는데, 정말로 아이를 낳을 수 있으랴?' 하느냐? **너무 어려워 주님이 못 할 일이라도 있다는 말이냐?** 내가 내년 이맘때에 너에게 돌아올 터인데, 그때에는 사라에게 아들이 있을 것이다."(18,13-14)

창세기 저자는 줄곧 아브라함과 사라가 이미 연로하여 자연적으로는 자식을 얻을 수 있는 가능성이 없음을 강조한다. 그러므로 사라가 아이를 출산하는 일은 인간적인 시각으로 볼 때 불가능하다. 그럼에도 불구하고 하느님께서는 계속해서 아브라함이 사라를 통하여 자식을 얻으리라고 말씀하셨다.

그러므로 사라가 이사악을 얻은 이야기는, 너무 어려워 못 하실 일이 없으신 하느님을 증언하는 이야기이다.

아브라함이 희망이 없는 곳에서도 줄곧 희망을 품을 수 있었던 유일한 이유는 불가능을 가능하게 하시는 하느님 때문이었다. 그러므로 우리도 우리 힘으로는 도저히 넘어설 수 없는 장애물을 만났을 때 불가능을 가능하게 하시는 하느님을 믿고 또 믿어야 한다. 이때는 하느님께 대한 우리의 믿음을 배가해야 하는 때다. 주님께서 아브라함과 사라에게 하셨던 말씀처럼 그분께 너무 어려워서 못 하실 일이 어디 있겠는가? 이 말을 가장 믿기 어려운 순간일수록 이 말씀에 대한 믿음을 청하고 또 청해야 할 때이다.

우리는 이와 비슷한 말씀을 로마서에서도 찾아볼 수 있다.

"하느님께서 우리 편이신데 누가 우리를 대적하겠습니까? … 무엇이 우리를 그리스도의 사랑에서 갈라놓을 수 있겠습니까? 환난입니까? 역경입니까? 박해입니까? 굶주림입니까? 헐벗음입니까? 위험입니까? 칼입니까? … **우리는 우리를 사랑해 주신 분의 도움에 힘입어 이 모든 것을 이겨내고도 남습니다.**"(로마 8,31.35.37)

굳건한 믿음이 있다면 우리는 주님이 주시는 힘으로 어려움을 이겨낼 수 있다. 그렇기 때문에 시련의 순간이야말로 이러한 믿음의 은총을 구해야 하는 때다.

우리에게 큰 위로를 주는 바오로 사도의 말씀을 더 들어보자.

"여러분에게 닥친 시련은 인간으로서 이겨내지 못할 시련이 아닙니다. 하느님은 성실하십니다. 그분께서는 여러분에게 능력 이상으로 시련을 겪게 하지 않으십니다. 그리고

시련과 함께 **그것을 벗어날 길도 마련해 주십니다.**"(1코린 10,13)

이 말씀은 암기해 두어도 좋다. 시련이 닥쳐왔을 때 이 말씀을 기억한다면, 시련에서 벗어나게 해주실 하느님께 희망을 둘 수 있게 되고, 그렇게 된다면 좌절하여 시련에 굴복하는 일이 없을 것이다.

그러므로 믿음으로 산다는 것은 불가능한 상황 앞에서도 주님께서 어떻게든 도움이 되어주실 것임을 굳건하게 믿는 것이다. 주님께는 불가능이 없다는 사실을 믿고 그분을 신뢰하며 그분께 의탁하는 것이다. 또한 피할 수 없는 고통 앞에서도 그것을 통해 나를 성장하도록 이끌어 주시는 하느님의 사랑을 믿는 것이다.

끝으로 다시 한번 강조하며 마무리하고자 한다. 믿음으로 산다는 것은 우리가 창조된 목적대로 살아가는 것이다. 하느님이 우리를 창조하시며 이름 지어 불러주신 대로 참된 자유 안에서 살아갈 때 삶은 신명나고 즐겁고 행복하다. 아무런 난관이 없어서 행복한 것이 아니라 온갖 난관에도 불구하고 행복하다. 이런 기쁨과 행복을 경험한 사람들은 다른 이들 역시 이 기쁨과 행복에 동참할 수 있기를 간절히 바라게 된다. 성경의 여러 인물들을 비롯하여 수많은 성인들이 이를 증언한다. 그 초대에 기쁘게 응할 수 있기를 염원한다. "이렇게 많은 증인들이 우리를 구름처럼 에워싸고 있으니 … 우리가 달려야 할 길을 꾸준히 달려갑시다."(히브 12,1)

• 나가며 •

이름과 자유와 믿음을 찾는 여정의 기행문

이름과 자유와 믿음을 찾는 저의 여정은 어린 시절부터 시작되었습니다. 처음의 여정은 방향도 모르고, 목적지도 모르는 헤매는 발길이었습니다. 이 여정이 어떤 방향성을 지니기 시작한 것은 대학교 2학년 때 내면을 울리는 어떤 음성을 듣고 나서였습니다. 그 음성의 초대로 저는 살아계신 하느님을 만났고, 하느님은 저를 한 번도 가보지 않은 낯선 길로 이끄셨습니다. 이 낯선 길로 들어서면서, 저는 붙잡고 있는 것들을 내려놓음으로써 짐을 가볍게 하는 법을 배웠습니다. 그럼에도 불구하고 안주하고 싶은 마음, 익숙함을 선호하는 것, 불편함과 어려움을 피하려는 태도, 스스로를 들어 높이려는 욕구, 이기심 등이 끈질기게 저를 뒤쫓아 오면서 이 여정에서 꾸물거리게 만듭니다. 그러나 더운 여름에 한 번씩 불어오는 바람이 고맙고 달콤한 것처럼 제 여정에도 땀을 식혀주는 고마운 바람이 불었고, 저의 이름과 자유와 믿음의 얼굴을 스치듯 어렴풋이 보기도 하였습니다. 그것을 흘낏 보는 것으로도 여정의 힘겨움을 잊을 수 있었고, 또 이 여정을 계속할 수 있는 힘을 얻었습니다.

이제 저는 조금씩 더 가파른 길을 오르게 될 것입니다. 다리의 근육은 점차로 약해져 가는데 이 가파른 길을 오르려면 하느님께 더 의지하는 수밖에 없습니다. 아마 시간이 좀 더 흐르면 그때는 아무것도 하지 못하고 그저 잠자코 있어야만 할 것입니다. 그때 하느님은 아마도 당신의 등을 내밀어 주실 것이고, 나머지 여정은 하느님의 등에 업힌 채로 마치게 될 것입니다.

이 여정의 목적지는 하느님과 하나가 되는 것입니다. 거기에서 저는 저의 이름과 자유와 믿음의 완성형을 만나게 될 것입니다. 이 목적지를 생각하면, 오늘 지금 제가 걷고 있는 여정이 힘겹거나 더디거나 지루하게 여겨질지라도 신나게, 씩씩하게, 기쁘게 이 길을 걸을 수 있습니다. 희망이 부르는 응원가가 계속해서 우리를 격려하기 때문입니다. 언젠가 우리가 이 길에서 조우하게 될 때 여행 중에 만난 아름답고 좋은 추억들을 함께 나눠볼 수 있기를 바랍니다. 멋진 여행이 되길 빕니다.

미주

셋째 이야기_ 선택과 결정

1 결정에 있어서 정말 중요한 것은 현실 분석이 아니라 분석한 현실에 바탕을 두고 무엇인가를 선택할 용기를 내는 것이다. 루이지 마리아 에피코코, 「텔레마코스」, 김성봉 역(바오로딸, 2022), 191–192 참조.

2 인지왜곡과 관련하여 몇 가지 예를 들면 다음과 같다. '확증 편향(confirmation bias)'은 자신이 이미 알고 믿는 바에 따라 모든 것을 해석하고 판단하며 결정하고 선택하는 경향을 말한다. 확증 편향은 왜 우리나라의 여론이 이토록 갈라져 있는지를 잘 설명해 준다. 기원전 1세기의 인물인 가이우스 율리우스 카이사르는 "사

람은 자기가 보고 싶은 현실만 본다"고 말했다. 확증 편향을 심하게 가진 이들은 자신의 견해를 지지하는 정보만 취하고 그렇지 않은 정보는 외면한다. 그래서 확증 편향을 자기중심적 왜곡이라 부르기도 한다. 정도의 차이는 있겠지만 우리 모두 이런 인지왜곡을 가지고 있다.

'틀짜기 효과(framing effect)'는 동일한 사안이라 하더라도 그것을 어떻게 제시하느냐에 따라 해석이나 의사결정이 달라지는 인지왜곡 현상을 말한다. 예를 들어 어떤 의사가 환자나 그의 보호자에게 수술에 대해 설명하면서 '이 수술을 받게 되면, 약 10%의 환자는 사망할 수 있습니다'라고 말하는 것보다 '수술 후 생존 확률이 90%입니다'라고 말할 때 수술을 받아들일 가능성이 더 크다는 것이다. 또 상대방이 새로운 결정을 하도록 만들려면 아무것도 하지 않으면 손해를 본다는 생각을 불어넣기도 한다. 지금이 50% 할인 기간인데 이것을 이때 구매하지 않으면 다시는 이런 가격으로 물건을 살 수 없을 것이라고 말하는 식이다. 그러면 이 물건이 전혀 필요하지 않은 사람조차도 손해를 보지 않기 위해 구매를 하게 하는 효과를 가져올 수 있다는 것이다.

'후광 효과(halo effect)'는 어떤 사물이나 사람을 평가할 때 긍정적이거나 부정적인 일부 특성에 주목하여 대상에 대한 비객관적 판단을 하는 인간의 심리적 특성을 말한다. 유명한 사람이 한 말이라면 제대로 따져보지도 않고 믿고 받아들이는 경향 역시 후광 효과의 한 예다. 이와 반대로 부정적 평가를 받는 사람의 경우 그가 정확한 정보를 알려줄 때에도 그를 믿지 않고 의심하는 것 역시 후광 효과에 해당되는 인지왜곡이다.

'과잉확신 편향(overconfidence bias)'은 특정 분야의 전문가가 자기 능력을 과신한 나머지 잘 알지 못하는 분야에 대해서도 잘 안다고 생각하여 신중하게 정보를 수집하지 않고 결정을 내림으로써 오류를 일으키는 경향을 말한다.

넷째 이야기_ 믿음으로 산다는 것은

1 참고로 바르톨로메오와 예리코의 소경 바르티매오는

동일 인물이 아니다. '바르'라는 말은 아람어로 '아들'을 의미한다. 그러니까 바르톨로메오는 톨로메오의 아들이고, 바르티매오는 티매오의 아들로 각각 다른 인물이다.